워낭소리

인디스토리 엮음

BF북스
BARRIER FREE BOOKS

영화 《워낭소리》를 사랑해주신 모든 분께
이 책을 바칩니다.

연분홍 치마가 봄바람에
휘날리더라
오늘도 옷고름 씹어가며
산제비 넘나드는 성황당 길에
꽃이 피면 같이 웃고
꽃이 지면 같이 울던
알뜰한 그 맹세에

봄날은 간다

— 백설희의 「봄날은 간다」 중에서 —

영화에 고마워하는 마음들이 다시금 고맙다

《워낭소리》를 개봉하기 전 감독과 프로듀서가 함께한 술자리였을 것이다. 농담 삼아 관객 수를 두고 내기를 했다. 누가 얼마를 얘기했는지는 기억나지 않는다. 하지만 이런 흥행은 아무도 예상하지 못한 일이었다.

그저 독립영화의 기존 기록을 한번 깨보자는 정도였다. 한국 영화로는 《우리학교》가 기록한 10만, 외국 영화로는 《원스》가 가지고 있던 20만 기록을 깨볼 수 있지 않을까. 그것도 한껏 욕심을 부려서 말이다.

시사회 풍경이 아직도 기억난다. 영화를 보는 내내 웃고 울면서 즐기던 관객들, 영화가 끝나고 나서도 계속 눈물을 훔치던 모습들 그리고 극장을 가득 채운 그 공기를 잊을 수가 없다. 연신 고맙다는 말을 전하는 관객들 사이에서 조금은 욕심을 내도 되지 않을까 하는 생각을 잠시 했던 것 같다. 이내 마음을 다잡긴 했지만.

사실 당시의 배급 상황에서 큰 흥행은 어렵다고 봤

다. 하지만 첫 주가 지나고 둘째 주에 들어서면서 사뭇 다른 분위기가 느껴졌다. 극장들 여기저기에서 작품을 공급해달라는 요청이 점점 많아지는 게 아닌가. 아, 이게 흥행이라는 거구나 싶었다. 집에 가는 길에 서울극장을 종종 지나치는데 매표소 위에《워낭소리》광고가 커다랗게 걸려 있는 걸 보고 기분이 묘했더랬다. 그렇긴 해도 극장이 기하급수적으로 늘어나기 전까진 여전히 목표는 20만이었다. 300만에 비하면 참으로 소박하게 느껴지는 숫자지만 그때는 그랬다.

그러나 누구도 예상치 못한 독립영화 한 편이 대한민국을 휩쓸면서 온갖 구설수들이 나돌기 시작했다. 더 힘들었던 건 그 구설수들이 영화보다는 영화 이외의 조건에 관련된 것이었다는 점이다. 물론 배급사보다는 감독이나 프로듀서, 가족 분들이 더 힘들었을 터다.

배급사의 강한 만류와 읍소에도 불구하고 초반에 언론의 관심은 역시 봉화에 계신 할아버지와 할머니의 근황에 대한 것이었고, 이후 흥행에 가속이 붙어 박스오피스를 점령하면서부터는 관객 수와 흥행 수익에 초점이 맞춰졌다. 언론의 뜨거운 취재 열기로 일상생활에 지장을 받았던 봉화의 어르신들을 위해 고영재 프로듀서가 공식 블로그에 긴급호소문을 띄웠고, 우리 쪽에서도 공식 보도자료를 돌렸다.

다행히 언론과 네티즌들 사이에 자성의 목소리가 퍼지면서 취재 열기는 가라앉았지만 이후 대두된 수익금과 관련한 부분은 지속적으로 논란이 됐다. 그때마다 우리는 정면 돌파를 선택했다. 조금은 아마추어 같았다고 자평해보지만 그것이 당시 우리가 할 수 있는 최선이었다. 진심은 통할 것이라는 믿음이 있었기에 가능한 일이었다. 봉화의 그 소처럼 우리도 묵묵히 갈 길을 갔던 것이다.

그럼에도 《워낭소리》가 이토록 많은 관객들을 만나게 된 건 그만큼 대중에게 어필할 수 있는 감성이 있었기 때문이라고 본다. 특히, 중장년층을 극장으로 끌어들였다는 점은 새로운 가능성을 보여주었다.

영화가 어느 정도 흥행이 되면서 두 가지 생각이 들었다. 하나는 영화에 감동을 받았던 관객들에게 어떤 식으로든 감사를 전하고 싶었다. 그래서 또 다른 기억의 선물을 안겨주고 싶었다. 또 하나는 이런 믿기지 않는 이야기들을 기록해두어야 하지 않을까라는 생각이었다. 비록 1천만 관객을 동원한 영화는 아니지만 그 이상의 가치를 보여준 영화임은 분명하고 이를 남겨두는 것은 의미 있는 일이라고 생각했다.

나에게도 《워낭소리》는 특별함이었다. 인디스토리 배급작 중에서 《송환》 이후 이렇게 폭발적인 반응을 보이는 영화는 처음인 데다, 하루하루 달라지는 예매 순위와 검색 순위, 인터넷에 올라오는 관객들의 반응을 보고 있자면, 글쎄 이걸 어떻게 말해야할까…….

무엇보다 소중하고 감사했던 건 눈물을 훔치며 극장을 떠나는 관객들의 모습과 한결같이 느껴지는 그들의 따스한 마음이었다. 영화에 고마워하는 마음들이 다시금 고맙다. 그리고 앞으로도 그런 따스한 마음을 안고 영화를 볼 관객들을 생각하니 흐뭇하다.

인디스토리에서 10년을 활동해오면서 처음으로 어머니를 모시고 극장 나들이를 하게 해준 영화, 나 역시 그래서 《워낭소리》가 고맙다.

하지만 이제 《워낭소리》를 떠나보내야 할 때가 온 것 같다.

또 다른 '워낭소리'를 기다리며…….

2009년 10월
(주)인디스토리 대표 곽용수

차례

이충렬 감독의 워낭소리 되새김질

그리고 남은 이야기

워낭소리, 그 10년간의 기록

워낭소리가 우리에게 알려준 열 가지 이야기

아버지의 이름으로

온종일 땀 흘리고 돌아온 아버지에게선 쉰내 같은 것이 났다. 문풍지를 울려대는 세상의 바람으로부터 자식들의 울타리가 되어주던 그 노동의 냄새로 인해, 한때 그들은 모두가 빛나던 존재였다.

가난을 대물림하지 않기 위해 묵묵히 소처럼 일만 하다 쓰러졌다가도 아무 일 없는 듯 일어나 일상을 반복해야 하는 고된 노동 속에서, 그래도 그들은 땅처럼 건강했다. 소를 팔아 자식들 등록금을 마련해오던 날엔 주머니도 마음도 두둑한 부자였던 그 영광의 시간 속에서, 아버지는 어린 자식들 앞에서만큼은 결코 다리를 절지 않았다.

그러나 야윈 다리로 손톱 밑에 까만 때가 빠질 날 없이 일생을 소처럼 일하는 동안 그 빛나던 시절은 이제 액자 속에서만 존재하게 되었다. 무너진 외양간처럼, 콤바인에 밀려 쓸모없어진 낫처럼 어느샌가 삶의 구석으로 밀려나 자식들에게조차 현재에는 없는, 유년의 기억 속에 봉인되어버렸다. 우리는 더 이상 아버지에게 길을 묻지 않는다.

그렇게 오랫동안 아버지는 부재중이었다. 평범한 가장으로 시대의 강을 건너오는 동안 점점 작아지고 끝내는 보이지 않게 되었다. IMF 이후 신문지면과 뉴스에서는 하루도 빠짐없이 아버지란 이름이 보였지만 거기에 아버지는 없었다. 그럴수록 생계를 위해 더욱 일에 매달려야 했고 장시간의 노동 속에서만 존재했기 때문이다. 축 처진 어깨와 쓸쓸한 등…….

세상의 속도를 따라가지 못한 채, 어느덧 훌쩍 장성해버린 자식들과는 어쩐지 한 박자 어긋나 있는 모습으로, 미련스러울 만큼 한결같은 모습으로, 그들은 묵묵히 삶의 밭을 갈 뿐이다. 비가 내리면 그 비를 고스란히 맞으며 세상이, 혹은 자식들이 그들을 기억해주지 않음에 한마디 원망하지 않고 불편한 몸으로 소를 이끌고 논으로 밭으로 나간다. 죽어야만 풀리는 일소의 업처럼 자신의 목에도 워낭 하나를 달고 오직 자식만을 위해 일생을 바치며 그것이 자신에 충실한 것이라 믿어온 삶. 그것을 아버지란 존재의 업(業)이라 부를 수 있을까.

마른 논에 물이 들어차는 것과 자식 입에 밥 들어가는 것, 그 이상의 기쁨은 없다고 말하는 이 땅의 아버지들에겐 그 존재감이야말로 살아 있음을 알게 하는, 한 세상을 버텨낼 수 있게 하는 버팀목이었는지도 모른다. 뼈가 으스러지는 고된 노동에도 기어이 장맛비를 뚫고 객지에 나간 자식들에게 쌀가마를 부쳐줄 때의 기쁨. 그러니 자식을 위해 모든 것을 바친 거기, 그들의 삶은 없었다고…… 우리는 감히 말할 수 있을까.

모든 것은 사라져간다. 그러나 정작 슬픈 것은 잊혀가는 것이다. 이미 오래전 우리가 유년의 기억 속에 봉인해놓은 어떤 풍경과 맞닥뜨리는 일이다. 마른 싸리나무처럼 물기 다 빠지고서도 우리에게 따스한 군불로 피어나던 아버지. 그 아버지에게 우리는 용돈 몇 푼 쥐어주며 그만 일손을 놓으라 한다. 그것이 늙어가는 아비를 위한 것인 줄 안다.

오늘도 우시장에 나온 아버지가 묻는다.

"부리는 소 있어?" 그러나 이제 일하는 소는 없다. 그렇게 아버지는 삶의 변방으로 밀려나 버리고, 그

아버지가 키워낸 세대는 다시 아버지가 되었다. 어린 시절 아버지 손에 이끌려 처음으로 소의 등을 만지던 날, 손끝으로 전해오던 온기가 아버지의 말 없는 정(情)이었음을 아는 나이가 되었다. 나의 부름에 언제든 워낭을 흔들며 곁을 지켜준 그 이름을, 그가 흘린 헌신적인 땀방울과 정직한 노동의 값어치를 아는 나이가 된 것이다.

이제야 반추해본다. 봄날처럼 사라지기 전에 우리가 먼저 등 돌린, 그래서 잊어버린 어떤 소에 관하여. 우리가 가끔 마음을 줄 때 전부를 바친 어떤 소에 관하여.

딸랑딸랑 워낭소리가 들리는 곳으로 고개를 돌리면 거기, 젊은 날의 아버지 서 계실 것만 같다.

산이 날 에워싸고

박목월

산이 날 에워싸고
씨나 뿌리며 살아라 한다
밭이나 갈며 살아라 한다

어느 짧은 山자락에 집을 모아
아들 낳고 딸을 낳고
흙담 안팎에 호박 심고
들찔레처럼 살아라 한다
쑥대밭처럼 살아라 한다

산이 날 에워싸고
그믐달처럼 사위어지는 목숨
그믐달처럼 살아라 한다
그믐달처럼 살아라 한다

우보천리

“소가 중하니껴, 고추가 중하니껴?”

따져 물으며 고추밭에 농약을 치자고 조르는 할머니에게 할아버지의 대답은 단호하다.

“소가 중하지 뭐, 까짓 거 고추가 뭐?!”

콤바인으로 수확하는 모습을 지켜보면서도 낫으로 베는 게 낟알이 덜 떨어지니 낫다 하고, 곡식은 정성으로 키우는 것이라 생각하는 할아버지. 그것이 농사 철학까지는 아니더라도 분명 할아버지는 알고 있다. 무엇이 중요하고 먼저인지를, 우리가 잃지 말아야 할 것이 무엇인지를.

그래서 고집스러울 만큼 단호한 것인지도 모른다. 그래서 욕심내지 않고 서두르지 않으며 자신이 옳다고 믿는 대로 뚜벅뚜벅 걸어가는 것인지도 모른다. 그것은 어떠한 경우에도 흐트러지지 않는 생의 속도

이자 신념의 속도인 것이다. 속도에 미치고 욕심에 눈멀어 이제 우리에게 사라져버린 어떤 가치가 할아버지에겐 남아 있다. 그러니 그 걸음이 느리다고 비웃지는 못하겠다.

세상엔 똑똑한 사람들이 참 많다. 편한 길도 참으로 많다. 그렇게 모두들 빠르고 편한 길만 찾는 사이, 젊은이들에게조차 취업과 성공이 최고의 목표가 되어버리고 꿈이란 세상물정 모르는 이들이나 좇는 것처럼 되어버렸다. 그래서 행복했는지 자유로워졌는지, 그것은 알지 못하겠다.

경쟁의 굴레 속에서 결과만을 좇는 사람들에게 할아버지는 세상의 변화를 따라가지 못하는 낙오자나 실패자쯤으로 보일지도 모른다. 때로는 자식들에게조차 융통성 없는 아비의 모습이 답답해 보이기도 할 것이다.

그러나 과정이 사라져버린 길은 위태롭다. 세월이 흐르며 차곡차곡 쌓여 단단해졌을 시간의 단층. 눈앞의 이익에 급급하기보다는 멀리 내다볼 수 있는 보다 긴 호흡. 조금은 어리석고 바보스러운 이들의 그 우직함이 세상을 바꾼다는 것을 이제는 안다. 우리에겐 이 길의 끝에 다다르기까지 되새김질하며 기억해야 할 소중한 무엇, 곱씹고 곱씹으며 끝내 잊지 말아야 할 어떤 가치들이 있기 때문이다. 그리고 그것이 우리에게 주어진 생(生)을 제대로 소화시키는 방법일 것이다.

네팔의 셰르파들이 해발 8천 미터가 넘는 고봉으로 거대한 짐을 옮기는 단 한 가지 방법, 그것은 오직 자신의 속도대로 천천히 걷는 것이다. 묵묵히 고된 노역을 하는 소처럼 느릿느릿 걷다 보면 어느새 정상에 다다르게 된다.

우리는 저마다의 짐을 지고 삶의 고봉을 오르며 크고 작은 봉우리를 만난다. 봉우리 하나에 너무 자만할 필요도, 좌절할 필요도 없다. 쉬지 않고 꾸준히 걷는 우직함과 성실함이 필요할 뿐이다.

그렇게 느리지만 묵직하게 걸으며 소가 되새김질하듯 스스로에게 끝없이 되물어야 한다. 왜 걷는가를. 그것을 꿈이라 불러도 좋고 삶의 목표라 불러도 좋다. 그 한 걸음의 이유를 안다면 속도는 중요하지 않다.

더러 넘어지는 순간도 있을 것이다. 그러나 우보천리(牛步千里)라 했던가. 느릿느릿 뚜벅뚜벅 소걸음으로 가다 보면 어느덧 천릿길, 이 어둔 터널의 끝을 보게 될 것이라 믿는다.

나중에 다시 태어나면

안도현

나중에 다시 태어나면
나 자전거가 되리
한평생 왼쪽과 오른쪽 어느 한쪽으로 기우뚱거리지 않고
말랑말랑한 맨발로 땅을 만져보리
구부러진 길은 반듯하게 펴고, 반듯한 길은 구부리기도
하면서
이 세상의 모든 모퉁이, 움푹 파인 구덩이, 모난 돌멩이들
내 두 바퀴에 감아 기억하리
가위가 광목천 가르듯이 바람을 가르겠지만
바람을 찢어발기진 않으리
나 어느날은 구름이 머문 곳의 주소를 물으러 가고
또 어느날은 잃어버린 달의 반지를 찾으러 가기도 하리
페달을 밟는 발바닥은 촉촉해지고 발목은 굵어지고
종아리는 딴딴해지리

게을러지고 싶으면 체인을 몰래 스스로 풀고
페달을 헛돌게도 하리
굴러가는 시간보다 담벼락에 어깨를 기대고
바퀴살로 햇살이나 하릴없이 돌리는 날이 많을수록 좋으리
그러다가 천천히 언덕 위 옛 애인의 집도 찾아가리
언덕이 가팔라 삼십년이 더 걸렸다고 농을 쳐도 그녀는 웃으리
돌아가는 내리막길에서는 뒷짐 지고 휘파람을 휘휘 불리
죽어도 사랑했었다는 말은 하지 않으리
나중에 다시 태어나면

인생길을 함께 걸어갈 동행

우시장에서 돌아온 늙은 소는 비틀거리는 걸음으로 추운 겨울 동안 노부부 따뜻하게 지내라고 나뭇짐을 잔뜩 져 날랐다. 할아버지는 소가 힘에 부쳐 하자 달구지에서 내려 땔감을 나누어 지고 걸었다.

앞서지도 뒤서지도 않는 나란한 걸음걸이. 오랜 시간을 함께하는 동안 그렇게 둘은 어느새 닮아 있었다. 그 모습에는 귀갓길이 마지막 길이 될지도 모르는 파트너를 향한 안타까움과 배려와 믿음 같은 온갖 감정이 고스란히 담겨 있었다.

동행(同行), 그것은 어쩌면 서로의 생명을 반쯤 나누어 진 할아버지와 소의 관계인지도 모른다. 소는 일평생을 할아버지를 위해 일했고, 할아버지는 그런 소를 위해 매일같이 소꼴을 베러 갔다. 소는 할아버지로 인해 업에서 벗어나지 못하고, 할아버지 역시 소가 죽어야 일을 놓을 수 있다. 서로에게 생명을 걸쳐놓은 둘의 관계는 어느 한쪽의 생명이 다해야만 끝이 나는, 그런 관계다. 그것을 운명 공동체라 부르면 될까.

그리고 여기 또 한 명의 동행이 있다.

할아버지와 소의 질긴 인연에 매일같이 불평하면서도 소를 팔러 가던 날에는 말없이 눈가를 훔치던 할머니. 영감 잘못 만나 한평생 고생만 한다며 고단한 하품을 쏟아내면서도, 할머니의 걸음이 자식들 자리보다는 할아버지의 느릿한 걸음에 가깝다는 것을 우리는 안다. 할머니의 지청구가 애증의 표현임을 안다.

귀가 어두운 할아버지가 소의 워낭소리는 금세 알아듣는 것처럼, 할머니 역시 남편의 아프다는 말에 금세 고개를 돌리고 머리에 물수건을 얹어주며 곁을 지킨다. 영감이 죽으면 나도 죽는다 한다. 그렇게 두 사람은 60여 년을 함께 살아오는 동안 서로에게 스며들어 이제는 닮아 버렸다. 살갑게 대화하는 법을 알지 못하는 이 땅의 아버지들에게 끊임없이 말을 걸어주는 어머니가 없었다면 아버지의 길은 참으로 외로웠을 것이다.

Old partner, 인생길을 함께 걸어갈 동행이 있다는 것은 진정 행복한 일이다. 그리고 동행과 동행 사이에 필요한 것은 몇 마디 말이 아니라 그저 마음에서 마음으로 울려 퍼지는 워낭소리면 족할 것이다.

젊은 소에게 없는 것은 바로 그 시간이다. 서로의 호흡을 알고 서로의 마음을 알아갔던 시간. 시간은 허투루 흐르지 않는다. 오래되고 익숙한 것들이 주는 편안함은 시간이 흐르면서 남겨놓은 삶의 무늬일 것이다.

이제 다시 '사람'으로 돌아온다.

사람 인人 자를 오래 들여다본다. 인간이란 본디 그런 존재였다. 사람 인 자의 두 획처럼 서로 기대어 살며 누군가의 무게를 기꺼이 감당해주는 존재.

길 가는 나그네에게는 비를 피할 수 있는 아주 작은 처마라도 큰 위안이 된다. 이 세상을 건너가는 동안 나는 너에게, 너는 나에게 서로의 처마가 되어준다면 오늘 하루 조금은 덜 외롭겠다.

"소가 아픈데 또 데리고 가능교?"

"날마다 데꼬 가지 머, 비가 오나 눈이 오나 소 타고 들에 가가지고……. 소가 말 못하는 짐승이라 그렇제 그거이 아이고, 사람 겉으면 욕을 얼매나 하고 안 갈라고 그럴 긴데."

"참 불쌍해요. 이게 삼십 년꺼징은 내가 리어카 타고 댕겼으니머……. 사람 같으믄 하이고! 내라믄 죽었을 거라. 말 못하는 짐승이라도 내한테는 자가 사람보다 나아요."

이별 또한 자연의 일임을

주저앉아버린 소는 할아버지가 아무리 이랴 이랴 불러도 꿈쩍하지 않았다.

'에이씨!'

할아버지의 그 한마디가 짠하다. 그 이상 어떤 말로 소에 대한 진심을 전할 수 있었을까. 결국 할아버지는 소의 코뚜레와 고삐를 잘라냈다. 한평생 부르고 응답하던 워낭소리도 더 이상 들리지 않았다. 그렇게 평생의 업(業)이 풀리고 할아버지와 소의 관계도 멈췄다.

마흔 살, 15년을 산다는 소의 수명에 비해 오래 살았다지만 긴 시간만큼이나 깊어져 버린 관계 앞에서 할아버지가 느꼈을 상실감의 깊이는 가늠할 수 없다.

"좋은 데 가그래이."

노부부의 축원처럼 그래도 소는 행복했을 것이다.

도살장에 끌려가 고깃덩이로 생을 마감하지 않고 마지막 순간까지 하나의 생명으로 살다 갔기에, 그렇게 땅에 묻힐 수 있었기에.

다만 더 이상 들리지 않는 워낭소리를 계속해서 더 듣게 되는 것은 이별 앞에서 사라져가는 그 무엇을 애잔하게 지켜보고 있는 또 하나의 사라져갈 운명 때문이다. 언젠가 다가올 부모의 순서를 떠올리지 않을 수 없기 때문이다. 그것이 지극히 자연스러운 일이라는 게 짠할 뿐이다.

모든 것은 저물어간다. 탄생하면서 이미 소멸을 향해 가는 생명의 유한함 앞에서 우리네 부모 역시 그러할 것이다. 마지막에는 모두가 흙으로 돌아간다. 그런데도 우리는 한평생 무엇을 움켜쥐기 위해 그토록 아등바등했던 것일까.

마지막 자신의 몸뚱이를 내주고 아무것도 없는 처음으로 되돌아간 소의 일생처럼, 생각해보면 삶도 여행도 떠나온 곳으로 돌아가는 일일 게다. 그 자연의 섭리 앞에서 이제는 사라져가는 것들을 담담히 바라볼 수 있을까.

한 조각의 구름이 일어나는 데도 생(生)이 있고 그 구름이 사라지는 데도 사(死)가 있듯이 삶의 끝에는 반드시 죽음이 있다. 그러나 죽음 끝에도 반드시 삶이 있는지는 누구도 알지 못한다.

다만 그것을 끝이라 하지는 말자. 삶과 죽음이 하나이듯 구름은 숱한 빗방울로 내려 바다를 돌고 산과 들을 흘러 다시 한 조각의 구름으로 태어난다는 것을 우리는 안다. 죽은 나무 한 그루가 양분이 되어 숲의 수많은 생명을 살려내고 있음을 안다.

그러니 어쩌면 지금 이 순간 우리가 이별하는 모든 것들은 썩어서 다시 나무로 꽃으로 태어나는 것인지도 모르겠다. 생명 있는 모든 것은 저물어갈 수밖에 없다는 게 자연의 일이라면 생이 다해도 관계는 끝나지 않는다는 것 또한 자연의 일일 것이다.

우리가 직선의 시간을 사는 동안 자연은 모든 것이 되돌아가는 법을 알아 순환할 뿐이다. 그리하여 삶과 죽음, 이곳과 저곳은 애초에 경계가 없었다. 삶과 죽음이 하나이듯 지금 이 순간도 영원의 시간 속에 있는 것이다.

그러니 우리, 지금 이 순간 마음을 다해야 하지 않겠느냐고, 모든 숨구멍을 열어놓고 살아 있는 것에게 진심을 다해 말을 걸어야 하지 않겠느냐고, 떠나온 그곳으로 되돌아가는 순간까지 겸손해야 하지 않겠느냐고 감히 말해야겠다.

말없이 계절이 오간다.

저 한 그루 나무 속에 그 언젠가 흙으로 돌아간 아버지, 웅크리고 계실지도 모르는 일 아니던가.

"왜 하마(벌써) 가는데……. 우리 가거든 가믄 될 긴데."

"소가, 그런 소가 대한민국에 없을 기래요. 소가 아프면서도 영감 할마이 때고 살라꼬 나무를 저끄 마이 해놓고 갔잖니껴."

어머니 품에서는 바람조차 둥글다

소밖에 모르는 할아버지를 타박하며 끝없이 지청구를 해대는 할머니의 모습에는 깊은 주름으로도 가릴 수 없는, 열여섯 시집오던 날의 어여쁜 계집아이 하나 들어 있는 듯하다. 마당에 앉아 고추를 고르며 가끔은 친정어머니 생각에 눈시울 붉히기도 했을 것이다. 갈래머리에 오빠야 부르며 종종거리기도 했을 것이다. 여자라는 이름을 묻고 이름 석 자도 묻고, 어머니로만 살아낸 한 생애가 라디오에서 흘러나오는 가요처럼 무심히 흘러간다.

태어나서 죽는 순간까지 누군가의 돌봄 없이는 성장할 수도 죽을 수도 없는 게 인간이라고 했던가. 우리는 그런 짐을 어머니라는 이름에만 지우고 있었던 것은 아닐까. 마치 처음부터 어머니로 태어난 것처럼 어머니가 감내해야 하는 그 모든 고단함을 너무나 당

연하게 받아들이고 있었던 것은 아닐까.

평생토록 흰 수건을 머리에 두르고 허리 한 번 펴지 못한 채 밭고랑 사이에서만 보였다 안 보였다 하시던 어머니. 정작 당신을 위해서는 따스한 햇볕 한 줌 쓰지 않았고, 그러는 사이 어머니는 점점 땅에 가까워졌다.

어머니의 신세 한탄은 노동의 고단함을 잊기 위해 불렀던 노동요처럼 울려 퍼진다. 자식들 몰래 얼마나 많은 눈물을 감추어두셨던 것일까. 영화로 만들어진 자신의 일상을 바라보다 '가는 세월을 막을 수야 없지 않느냐' 하고 노래를 부르는 대목에서 어머니는 끝내 눈물을 쏟고 마신다.

그러나 당신의 삶을 위로받을 새도 없이 새벽마다 아궁이 앞에서 쇠죽을 쑤면서, 밭을 매면서, 소만 바라보는 할아버지의 곁에서 고단한 하품을 하면서, 어머니는 그 모든 것을 받아들인다. 농사를 지어 9남매에게 나눠줄 '봉다리' 아홉 개 만드는 재미로 산다는 어머니는 그 넓은 품에 자식들을 품고 원망스런 남편과 늙어빠진 소까지도 기꺼이 품는다. 이 땅의 아버지들이 자식들의 든든한 울타리가 되고 그늘이 되어준다면 어머니는 바로 그 아버지의 한 평만 한 산그늘

일 것이라 생각해본다.

이제는 당신이 키우는 옥수수며 수숫대보다도 더 작아져 버렸지만 구부정하게 굽은 허리처럼 그 모든 것을 둥글게 둥글게 품어오셨음을 알겠다. 어머니의 품에서는 바람조차 둥글다.

그래서일까, '엄마!' 하고 부르는 말 속에서 봄날 들녘에 피어나는 자운영 꽃빛을 본다. 논밭 가득 자운영이 피어나면 농사를 시작할 때가 된 것이다. 그 자줏빛 구름 같은 꽃은 가장 아름다울 때 갈아엎어 논밭의 거름으로 쓰인다. 씨를 맺을 즈음이면 농부들은 어김없이 볍씨를 뿌리고 자운영은 흙으로 돌아가 땅을 기름지게 만든다.

그렇게 키워낸 어머니의 텃밭에는 없는 게 없었다. 철따라 감자꽃이 피고 붉게 고추가 달렸다. 그뿐인가. 쪼들리는 살림살이에 잔병치레라도 하게 되면 부지런한 어머니는 말려서 빻아두었던 민들레나 쇠비름으로 약을 지어주곤 하셨다. 엄마 손은 약손, 배를 문질러주면 그 밤 어린 자식들은 편안히 잠들 수 있었다.

한평생 자식들 살찌우느라 부엌을 벗어나지 못한 채 한 그릇 고봉밥 같았던 어머니. 그 언젠가 오물거리는 입으로 밥알을 씹어 입에 넣어주시더니 이제는 다 커버린, 아이까지 낳고 사는 자식들에게 언제나 밥 먹어라 당부하시는 우리 어머니.

어릴 적 아궁이 앞에서 저녁밥 짓는 어머니 옆에 쪼그리고 앉아 있노라면 청솔가지 탁탁 분질러지는 소리 들리던 그곳이 세상에서 가장 따뜻했다. 수북이 눌러주시던 고봉밥을 떠올리면 객지에 나와 살며 모나고 날카롭게 변해버린 마음도 어느 사이 둥글어질 것 같다.

어머니 품 같은 산그늘이 내려와 마음을 덮는 저녁이다.

엄마 걱정

기형도

열무 삼십 단을 이고
시장에 간 우리 엄마
안 오시네, 해는 시든 지 오래
나는 찬밥처럼 방에 담겨
아무리 천천히 숙제를 해도
엄마 안 오시네, 배추잎 같은 발소리 타박타박
안 들리네, 어둡고 무서워
금간 창 틈으로 고요히 빗소리
빈방에 혼자 엎드려 훌쩍거리던

아주 먼 옛날
지금도 내 눈시울을 뜨겁게 하는
그 시절, 내 유년의 윗목

세상에서 가장 해맑은 웃음

시종일관 무뚝뚝하고 침묵하는 할아버지를 웃게 만드는 건 두 동행자들이다. 그의 오랜 벗인 소 그리고 할머니.

꼴 먹는 소를 바라보는 할아버지의 표정은 자식 입에 밥 들어가는 것을 바라보듯 하고, 소 자랑을 할 때면 자식 자랑하듯 흐뭇해 보이기까지 한다. 그것만으로도 할아버지는 세상에서 가장 해맑은 웃음을 짓는다.

그리고 고단한 할아버지의 삶에 웃음이 되어주는 할머니가 있다. 소가 없으면 팔자가 피었을 거라며 '할마이 중한지는 모른다' 하는 투덜거림 속에는, 마치 연적이라도 대하듯 소에 대한 질투마저 느껴진다.

"팔아!"

"안 팔아!"

여든이 가까운 노부부의 투닥거림에 웃음이 슬며시 나온다. 그뿐인가. 젊은 소를 길들여 보지만 말을 안 들어 난감해하는 할아버지를 보면서는 고소한 듯 연신 웃어대고, 마당으로 쫓겨난 젊은 소를 향해 '꼬라지' 좋다 하며 구수한 사투리를 쏟아낸다. '라디오도 고물, 영감님도 고물'이 다됐다며 웃는 할머니 말에, 무뚝뚝하던 할아버지도 아이처럼 해맑게 웃고 만다.

두 분의 웃음은 고향을 닮아 따뜻하고 진실하다. 오랜 세월을 함께 산 사람들만이 나눌 수 있는 웃음이리라.

할머니가 아이처럼 투덕투덕 불평을 늘어놓는다고 해서 그 고단한 세월의 무거움을 모르지 않는다. 깊은 주름 골마다 새겨진 고단한 일상도 남편에 대한 원망도 웃음으로 바꾸어버리는 할머니 앞에서 겸손해지지 않을 수 없다.

아마도 그 웃음이 평생 일만 하느라 무덤덤하고 무뚝뚝하게 살았을지 모를 할아버지의 일생 또한 작은 활력으로 넘쳐나게 했으리라 믿는다. 그 소소한 일상의 웃음마저 없었다면 할아버지의 삶도 할머니의 삶도 메마른 땅처럼 퍽퍽했을 것이다. 그리고 이제는 그 웃음이야말로 삶을 윤기나게 하는 것임을 안다.

매일 반복되는 일상 속에서 삶이 만족스럽지 않을 때 많았다. 이게 아닌데 이게 아닌데, 지금과는 다른 삶을 꿈꾸기도 하고 일탈을 꿈꾸기도 했다. 행복이란 건 여기 아닌 다른 곳에, 좀 더 먼 어딘가에 있을 것만 같았다.

그러나 이제는 안다. 우는 아이 손에 쥐어진 막대사탕이나 밤늦게 돌아온 아버지 손에 들린 과자 꾸러미가 어린 날의 기쁨이었듯이, 매일 마주치는 얼굴들 속에 되풀이되는 일상 속에 작디작은 따뜻함과 내일을 살아낼 힘이 있음을. 또한 행복하지 않다 느꼈던 것은 자꾸 채우려고만 했던 우리의 욕심 때문이었음을.

욕심으로 마음이 무거워질 땐 바다를 떠올릴 일이다. 하루에 한 번 자신을 비워내는 썰물처럼 비워낼 일이다. 썰물 다음에는 언제나 밀물이 가득 들어차오듯이 욕심을 비워낸 그 자리에는 할아버지의 무심한 웃음과도 같은 삶이 들어찰 것이다. 할머니의 익살스런 지청구 같은 잔잔한 웃음이 들어찰 것이다.

"자, 할아버지 완전히 웃으세요! 웃으세요!"

"웃어!"

"하!"

"하나, 둘, 셋!"

가족이란 이름의 울타리

아궁이에서 쇠죽을 쑤어 날라야 했기 때문일까, 외양간은 부엌 가장 가까운 곳에 있었다. 날이 추워지면 짚으로 짠 덕석을 입혀주고 봄이 오면 가장 먼저 외양간을 깨끗이 치우곤 했다.

그렇게 소는 자식들과 함께 나이를 먹으며 한 가족의 역사를 지켜보았다. 생구(生口), 한 식구이자 가족이었기에. 할아버지는 그런 소를 위해 불편을 감수하면서까지 농약을 치지 않고 새벽마다 따뜻한 쇠죽을 끓여 건넨다. 거기에는 어떤 말보다 진한 배려와 이해, 사랑이 있다.

따뜻한 밥을 함께 먹는 사람들, 식구(食口). 어떻게 해서라도 밥은 굶기지 않겠다는 책임감. 밥을 나누듯 서로의 생명을 나누어 가진 사람들. 그래서 가족이란 이름에는 밥 한 그릇의 따뜻함과 온기가 스며 있는 모양이다.

겨울날 방안에 놓아둔 자리끼가 어는 새벽 녘이면 아랫목으로만 파고들던 여러 개의 발들과 그 발에서 전해지던 따스한 온기가 있어 춥지 않았다. 어머니 몰래 쌀독에서 훔쳐낸 쌀 한 줌과 설탕 한 숟갈에 행복했고 고구마 몇 개에 호사스러움을 느끼던 그 시절, 궁핍했으나 가난하지 않았다. 가족이 둘러앉은 비좁은 방안에서 그래도 행복했다. 서로의 삶에 온기를 불어넣으며 마음을 데워주던 가족이란 이름의 울타리 때문이었다.

하지만 이제는 저마다의 다른 신발 사이즈처럼 각자의 삶을 살아가며, 어쩌다 한번 명절이나 되어야 모여 앉을 수 있는 사이가 되었다. 물리적인 거리만큼이나 서로의 삶에서 멀리 떨어져 나왔다.

일본의 영화감독 기타노 다케시는 '가족이란 누가 보고 있지만 않다면 어디 내다버리고 싶은 존재'라고 했다. 귀찮다고 어디 내다버릴 수 있는 존재가 아니라서, 생명을 나눈 만큼 서로가 책임져야 할 존재들이라서, 가족을 생각하다 보면 함부로 살 수가 없다.

그것이 더러는 짐이 되기도 한다. 하지만 삶이 유독 나에게만 혹독하다고 생각될 때 비로소 알게 된다.

삶이 아무리 힘들어도 쉽게 포기할 수 없는 것은 어떤 거창한 이유 때문이 아니라 그저 가족이 있기 때문이라는 것을.

세상에 지칠 때면 언제든 돌아가 쉴 수 있는 집이 있고, 그곳에는 우리가 어떤 모습이건 말없이 응원을 보내주는 가족이 있다는 데 위로를 받으며 또 살아가는 것이다. 그러니 감사할 일이다.

그런데도 어째서 우리는 가까운 것들은 함부로 대하고 마는 것일까. 가깝다는 이유만으로 가장 많은 상처를 남기는 대상도 돌아보면 가족이다. 마치 형벌처럼, 인간은 소중한 것이 사라지고 나서야 비로소 그 소중함을 깨닫는 모양이다.

가족이란 이름을 만들어가는 데도 노력이 필요함을 알겠다. 고춧가루 낀 입으로도 거리낌 없이 웃을 수 있고 자고 일어나 입 냄새 풀풀 풍기며 편하게 이야기할 수 있는 그 사람들에게도, 존중해주어야 할 각자의 삶이 있음을 우리는 자주 잊어버린다.

그들 역시 우리가 이해하고 배려해야 할, 힘겹게 한 세상을 살아가는 존재일 뿐. 그러니 가끔은 아주 낯선 타인처럼 그들을 바라보아도 좋겠다.

우리, 가족이라는 이름으로 서로를 온전히 이해할

수는 없어도 사랑할 수 있었으면 한다. 있는 그대로를 받아들일 수 있었으면 한다.

그리고 그 가족의 마음으로 생명이 있는 것들을 대할 수 있었으면 한다. 소를 한 가족처럼 대하던 그 마음으로, 마당으로 날아든 풀씨 하나 뽑아내지 않던 우리 부모님의 마음으로 '따순' 밥 나누며 함께 살아가는 그 모든 이들을 품으며 더불어 사는 법을 놓지 않았으면 한다.

"저 마른 논에 물 드가는 거하고 자석 입에 밥 드가는 거하고 그거밖에는 좋은 게 없어."

내 고향, 그곳에는

참 많은 것들이 살았다. 어린아이의 울음소리, 개울에서 멱을 감는 아이들 소리, 밭을 찾는 주인의 발소리, 온갖 곡식이 자라나 들판을 가득 채우는 소리, 고향엔 그토록 많은 것들이 살았다. 늦가을 감나무 가지 끝에 걸린 까치밥처럼, 내 어머니 아버지가 있어 언제나 푸근했다.

그곳에서 눈빛 선한 사람들과 어울려 살았다. 씨 뿌리는 손길과 나눌 줄 아는 손길이 있어 언제나 넉넉하고 풍요로웠다. 담장 하나를 사이에 두고 이웃집의 부부싸움 소리를 엿듣고, 저녁이면 구수한 부침개 냄새를 따라 이웃집에 건너가 한 상에 마주앉기도 했다. 그렇게 어울려 살았다.

그러나 시간은 초가도 마을 길도 없애버렸다. 대신 수많은 신작로를 만들어 도시로 이어놓았다. 그 길을 따라 젊은이들은 도시로 떠나고 2층 양옥집이 들어오고 기계가 들어오고 수입 농산물이 들어왔다. 남은 자들은 땀 흘린 농작물을 스스로 갈아엎으며 등 떠밀리듯 고향을 떠나기도 했다. 그리하여 이제는 늙은 소와 아버지를 닮은 쇠락한 고향이 거기 있다.

자라는 동안 고향에서 멀어지며 그것이 꿈을 키우는 일이라 여겼다. 보다 큰 세상, 보다 넓은 세상을 꿈꾸었다. 그렇게 시간이 흘러 세상에 깎이고 지친 후에 위로받듯 고향을 떠올렸을 때, 거기 농부로서 땅과 인연을 맺던 그때처럼 땅을 믿고 끝내 땅을 버리지 못하는 아버지가 있음을 보았다.

우리의 탯줄이 묻혀 있는 곳, 그러나 이제는 너무 멀리 와버린 곳. 그 쇠락해가는 고향처럼 고향을 닮은 어떤 마음 또한 빛바래가는 것을 느낀다.

해 뜨는 때에 맞춰 하루를 열고 해지는 때에 맞춰 일손을 거두고 집으로 돌아가던 자연의 시간, 지나가던 누구라도 불러 새참을 나누던 마음, 일손이 부족할 때면 서로를 도와주던 품앗이, 뜨거운 물을 버릴 때면 땅속 미물에게조차 '눈 감아라' 하시던 어머니의 마음 씀…….

그래서 같은 고향 사람만 만나도 반갑고 고향에서

즐겨 먹던 음식만 떠올려도 흐뭇했다. 우리가 잃어버린 고향은 어쩌면 그러한 마음인지도 모르겠다.

짧은 여름밤 평상에 둘러앉아 먹던 수박, 옥수수 알만큼이나 빽빽하던 밤하늘의 별, 저녁내 타오르던 모깃불 향내, 떠올리기만 해도 배부른 그리운 추억들. 앙다문 마음의 독 모두 내려놓고 어쩐지 순한 아이로 돌아가고 싶어진다.

쫓기듯 살아온 삶에서 잠시 벗어나 고향길 동구 밖에 들어서면 굴뚝에선 아직도 밥 짓는 연기가 몽글몽글 피어오르고 있을 것만 같다. 마루 끝에 앉아 계시던 어머니, 싸리문 열고 달려 나오시지는 않을까.

우리들 고향을 벗어나 그렇게 먼 곳으로 가고 싶어 했으나 이상한 일이다. 그 길은 돌고 돌아 결국 이렇게 고향으로 되돌아오는 길이었으니 참으로 이상한 일이다.

빈집의 약속

문태준

마음은 빈집 같아서 어떤 때는 독사가 살고 어떤 때는
청보리밭 너른 들이 살았다
별이 보고 싶은 날에는 개심사 심검당 별 내리는 고운
마루가 들어와 살기도 하였다
어느 날에는 늦눈보라가 몰아쳐 마음이 서럽기도 하
였다
겨울 방이 방 한 켠에 묵은 메주를 매달아 두듯 마음에
봄가을 없이 풍경들이 들어와 살았다

그러나 하릴없이 전나무 숲이 들어와 머무르는 때가
나에게는 행복하였다
수십 년 혹은 백 년 전부터 살아온 나무들, 천둥처럼
하늘로 솟아오른 나무들
뭉긋이 앉은 그 나무들의 울울창창한 고요를 나는 미
륵들의 미소라 불렀다

한 걸음의 말도 내놓지 않고 오롯하게 큰 침묵인 그 미륵들이 잔혹한 말들의 세월을 견디게 하였다

그러나 전나무 숲이 들어앉았다 나가면 그뿐, 마음은 늘 빈집이어서 마음 안의 그 등그런 고요가 다른 것으로 메워졌다

대나무가 열매를 맺지 않듯 마음이란 그냥 풍경을 들어앉히는 착한 사진사 같은 것

그것이 빈집의 약속 같은 것이었다

낮은 시선으로

영화를 보는 동안 우리는 불편했다.

'미친 소'에 광분하면서도 정작 소를 생명이 아닌 고기로만 바라보고 있었다는 것에 대해. 친환경 먹을거리에 온갖 관심을 쏟으면서도 정작 그 버팀목인 농촌이 스러져가는 모순된 상황에는 무관심했다는 것에 대해. 그리고 너무나 익숙해져 버린 기계 대신, 소로 농사를 지으며 그 소를 위해 농약을 치지 않는다는 여든의 할아버지를 보면서 우리는 불편했다. 이제는 문명에 익숙해져 흙을 닮은 모습이 오히려 낯설기까지 했다.

우리가 외면하고 관심을 두지 않았던 농촌의 현실이 거기 있었다. 늙은 소가 끄는 달구지와 쟁기로 밭 가는 모습과 소꼴을 베는 농부의 모습 그리고 낫으로 벼를 수확하는 가을 들녘의 풍경.

훗날 시간이 지나서도 이 풍경을 다시 볼 수 있을까? 어느 시골마을에 불쑥 찾아 들어가도 흔히 볼 수 있었던 이 모든 것이, 머지않아 아이 손을 이끌고 찾은 농촌 체험학습 현장을 통해서만 볼 수 있게 될지도 모른다. 그도 아니면 박물관 한쪽에서 만나게 될지도 모르겠다.

할아버지도 늙은 소도, 할머니 말마따나 라디오처럼 '고물'이 되어버렸다. 살아오는 동안 제각각 혼신의 힘을 다해 자신의 생을 살았으나 이제는 말없이 사라져가는 것들. 우리의 유년을 키우느라 일생을 바친 대가라고 하기엔 그 현실이 참으로 초라하다.

영화는 느리고 낮고 늙고 병든, 소외된 것들에 담담히 눈 맞추고 있다. 우리가 그동안 눈을 뜨고도 보지 못하고 그 존재마저 잊어버렸던 것들, 그러나 우리 곁에서 쭉 함께 살고 있었던 것들에 대해서 말이다. 그리고 그들의 헌신이 아직도 우리 사회에 유효하다고 말한다. 그러니 이 영화를 잊혀가는 아버지에 대한 헌사일 뿐 아니라 농촌이니 늙음이니 하는 이 시대의 소외받는 모든 것에 대한 헌사라 불러도 좋겠다.

그것은 우리가 땅을 잃어버린 결과이기도 하다. 땅은 수평 세상이다. 들판에 내리는 비는 큰 풀이나 작은 풀이나 가리지 않고 공평하게 스며들어 그들을 키운다. 햇빛도 바람도 모두 고르고 평평하다. 그러나 수직 세상은 그렇지 않다. 우뚝 버티고 선 앞집 건물 때문에 종일 햇빛 보기 힘든 날이 있다. 내 집 또한 누군가의 집을 가리고 더러는 그곳에 살고 있는 사람들의 삶까지 가려버리기도 한다.

우리가 땅에서 멀어지며 수직 세상을 만들어가는 동안, 좀 더 빠르고 효율적으로 가기 위해 쉼 없이 페달을 밟는 동안 미처 그 속도를 따라오지 못한 많은 것들이 소외되었다. 뒤처진 것들은 관심 밖으로 멀어지고, 작고 낮은 것들은 저 멀리 밀려나버렸다. 사람들은 오직 자신의 키를 높이는 데만 분주할 뿐, 빛이 들지 않는 그늘에 대해서는 까맣게 잊어버리고 있었던 것이다. 삶의 변두리로 내몰린 사람들의 삶은 또 한 번 사람들의 기억에서 내몰리고 말았다. 그리고 우리는 내게 보이는 것만이 세상의 전부라고 믿으며 살아간다. 그러나 세상에는 고개를 숙여야만 마주칠 수 있는 것들이 있다. 무릎을 꿇고 자세히 들여다보아야만 보이는 것들이 있다.

'하심(下心).'

낮은 것들은 스스로 낮아진 뒤에야 볼 수 있는 법이

다. 그러니 꼿꼿하게 쳐든 마음, 조금은 숙여 볼 일이다. 보도블록 틈 사이에 피어난 풀 한 포기 앞에서는.

길

신경림

사람들은 자기들이 길을 만든 줄 알지만
길은 순순히 사람들의 뜻을 좇지는 않는다
사람을 끌고 가다가 문득
벼랑 앞에 세워 낭패시키는가 하면
큰물에 우정 제 허리를 동강내어
사람이 부득이 저를 버리게 만들기도 한다
사람들은 이것이 다 사람이 만든 길이
거꾸로 사람들한테 세상 사는
슬기를 가르치는 거라고 말한다
길이 사람을 밖으로 불러내어
온갖 곳 온갖 사람살이를 구경시키는 것도
세상 사는 이치를 가르치기 위해서라고 말한다
그래서 길의 뜻이 거기 있는 줄로만 알지
길이 사람을 밖에서 안으로 끌고 들어가

스스로를 깊이 들여다보게 한다는 것은 모른다
길이 밖으로가 아니라 안으로 나 있다는 것을
아는 사람에게만 길은 고분고분해서
꽃으로 제 몸을 수놓아 향기를 더하기도 하고
그늘을 드리워 사람들이 땀을 식히게도 한다
그것을 알고 나서야 사람들은 비로소
자기들이 길을 만들었다고 말하지 않는다

독립영화의 힘

누구는 '영화계의 반란'이라고 했다. 독립영화는 관객 1만 명만 들어도 성공이라는 선입견을 뒤집으며 300만에 육박하는 관객을 동원했기 때문이다.

《워낭소리》가 등장하기 전까지 가장 많은 관객을 모은 독립영화는 김명준 감독의 《우리학교》다. 이 작품은 큰 이슈를 불러일으키며 9만여 명의 관객을 모아 화제가 됐다. 그런데 무려 300만이라는 관객이, 그것도 젊은 층부터 장년층까지 세대를 폭넓게 아우르며 이 한 편의 독립영화에 지지를 보낸 것이다.

그러나 《워낭소리》의 가치는 단지 기적 같은 흥행 기록에만 국한되지 않는다. 이 작품으로 인해 그동안 생소하기만 했던 독립영화가 대중적으로 인식되는 변화를 가져왔다. 물론 그동안에도 수많은 독립영화가 만들어졌고 실험적이고 비판적인 시선으로 사회

적 파장과 이슈를 만들어내기도 했다. 그러나 《워낭소리》는 독립영화가 우리 삶에 보다 밀접한 이야기를 들려주고 있다는 사실을 보여주었다.

독립영화에는 우리네 삶이 오롯이 담겨 있다. 평범한 우리 이웃과 친구, 가족의 삶에서 발견할 수 있는 진실과 감동이 있다. 주변 사람들의 이야기는 곧 나의 이야기가 되어, 사람들은 스크린을 통해 자신의 모습을 보고 영화 속에 비친 타인의 삶을 자신의 삶인 양 바라보면서 공감하고 위로받는다.

각기 다른 생김새마냥 저마다 삶의 모습이 다르다는 것, 그 다양성이야말로 독립영화의 힘일 것이다. 평범한 일상을 낯설게 바라보고 그 속에 잔잔한 일상의 울림을 담고 있는 독립영화는 다름과 낯섦의 이름이다. 그리하여 또 다른 가능성이 된다. 그렇게 평범한 우리네 삶을 이야기하며 우리가 잊고 살거나 눈치채지 못했던 가치와 본질에 대해 묻는 것이다.

《워낭소리》가 수많은 이들에게 썩 좋은 울음 터가 될 수 있었던 것은, 최원균 할아버지의 삶이 내 아버지의 삶이자 우리 모두의 삶이었기에 가능한 일이었다. 그리하여 이 영화는 누구나 공감할 수 있는 소통의 기록이었다 말해도 좋을 것이다.

다양성을 인정하고 소통한다는 것이 참으로 어려운 시대가 되어버렸기에 그 소통의 울림이 더욱 크게 다가왔는지도 모르겠다. 사람들은 서로의 이야기에 귀를 막아버린 지 오래다. 다르다는 것은 더 이상 아름답지 않다. 단절(斷絕), 이는 이제 참으로 뼈아픈 단어가 되었다.

그러나 다르다는 것을 인정하고 받아들이는 것, 희망은 거기 있을 것이다. 그리하여 나와 다른 모습, 나와 다른 세대, 나와 다른 삶의 방식을 있는 그대로 받아들이며 모두가 마음껏 활개칠 수 있는 세상을 그리는 것이 독립영화이리라 생각해본다.

틱낫한은 그런 이야기를 했다.

'종이를 이루고 있는 것은 햇빛이고 바람이고 물이고 나무이고, 또 사람들이 나무를 가꾸는 정성'이라고. 그래서 '종이에서 원래 종이가 아닌 것을 다 빼버리면 종이는 없어진다'고 말이다.

나에게서 나 아닌 것들을 모두 빼고 나면 나 또한 없다. 그러니 모든 생명은 관계 속에서 살아간다. 서로 다른 것들이 얽히고설키며 만들어내는 세상, 그것이 숲을 푸르게 만들 듯이.

이충렬 감독의
워낭소리 되새김질

그곳엔 언제나 아버지가 있었다

그림을 그리고 싶었다. 그러나 공부 잘해서 좋은 대학 가는 게 최고인 시골마을에서는 어림도 없는 일이었다. 그나마 대학을 졸업한 후엔 애니메이션을 했는데 끝없이 반복해야 하는 단순 작업공으로였다. 결국 연출 쪽으로 방향을 돌렸다. 막연히 사람 사는 세상을 그리고 싶었기 때문이다. 일본에 가서 제대로 배워보고 싶은 마음도 있었지만 시골생활 빠듯한 걸 알면서 손 벌리기가 뭣해 선배 프로덕션에서 일을 시작했다. 잠깐 배워보자 한 것이 그렇게 직업이 됐다.

그 후 꿈과 현실 사이에서 오랫동안 줄타기가 이어졌다. 외주제작을 하는 독립 피디로 어린이부터 노인, 고향, 코미디, 쇼 오락, 생방송, 스포츠까지 안 해본 프로그램이 없었다. 심지어 기업 홍보물까지, 한국에서 볼 수 있는 모든 포맷은 다했다. 그렇게 이

것저것 해보다 마지막에 만난 것이 다큐멘터리였다.

2000년부터 내 작품을 해보자는 생각에 프리랜서로 돌아섰다. 약간의 강박관념도 있었다. 작품을 하나 하더라도 완벽하게 하자는 생각, 또 방송국 출신이 아니라 외주제작을 하는 독립 피디로서의 콤플렉스 같은 것도 작용했을 것이다. 무엇보다 나 자신에 대한 믿음이 너무나 확고했다.

사회적 소수자나 약자를 위한 다큐멘터리를 만들고 싶었다. 그래서 비전향 장기수나 동성애자, 무속인을 찾아다니며 작품을 만들었다. 결과는 번번이 실패였다. 작품 자체의 문제였다기보다는 저작권이라든가 작가와의 소통 때문이었다. 나는 연출자로서 관계 속에서 소통하는 데 실패한 사람일지도 모른다. 내 주장만 내세우는 고집불통인 데다 다른 이와 소통하는 법을 몰랐다. 사람들에게 나는 '똘아이'거나 '천재'거나 둘 중 하나였다.

그러다 보니 평소에는 좋은 관계였다가도 작품을 함께 만들게 되면 어긋나는 경우가 많았다. 혼자 지낼수록 더욱 외골수가 되어갔고 타협할 줄 모르니 관철되는 것이 없었다. 배겨날 수가 없었다. 철저한 고립, 급기야는 정체성에 혼란이 왔다. 무언가 해야 했다. 다급해진 마음에 방송사 컨펌도 받지 않은 채 무작정 사북으로 향했다. 2004년, 폐광을 앞둔 그곳에서 약 6개월간 광부들과 함께 직접 탄을 캐고 술잔을 나누며 생활했다. 그렇게 찍은 테이프가 200개였다.

그러나 테이프를 본 방송국 관계자는 한숨을 내쉬었다. 첫 마디가 '너무 칙칙해'라는 거였다. 방송사에선 탄광 노동자의 삶을 르포 형식으로 담자고 했지만 그건 함께 지낸 탄광 노동자들에 대한 예의가 아니었다.

몽상에서 시작해 망상으로 끝나버렸다는 것을 알았다. 남들이 하지 않는 것을 하려고 했고, 내가 옳다는 확신을 가지고 했던 만큼 타인이 보는 관점은 신경 쓰지 않았다. 그러다 보니 돈은 돈대로 들고 생활도 관계도 궁핍해졌다.

고생해도 되는 게 없다고 생각하니 마음 조절이 되지 않았다. 밤마다 호흡곤란 증세를 보이고 머리가 터질 것 같은데 병원에 가보면 아무 이상 없다고만 했다. 울화병과 답답증이 더욱 심해졌다. 책상에 앉아 일을 하다 보면 심장이 터질 것처럼 빨리 뛰거나 가슴이 답답하고 숨이 찼다. 그러면 무작정 집 밖으로 뛰쳐나갔다. 살기 위해서였다. 목적지도 없이 몇 시간이고 걷다 보면 조금씩 가라앉고는 했다.

나중에는 이러다 죽겠구나 하는 생각까지 들었다. 그런데 그 순간에도 직업정신이 발휘된 것인지 죽는 모습을 촬영해야겠다는 데 생각이 미쳤다. 천장에 소형 카메라 한 대를 설치하고 나를 찍기 시작했다. 그러고는 카메라에 찍힌 내 모습을 보았다. 지저분하게 헝클어진 머리와 덥수룩한 수염, 불룩한 배, 사람이라고 하기에는 스스로도 낯선 모습이 거기 있었다. 꼭 로빈슨 크루소 같은 몰골이었다. 몸은 점점 비대해지고 정상적인 모습에서 멀어지고 있었다. 카메라를 들여다보고서야 또 쓸데없는 짓을 했다는 걸 깨달았다. 그리고 병원에서 공황장애라는 진단을 받았다.

그 무렵 봉화에서 소를 찾았다는 연락이 왔다. 봉화 축협의 한 관계자가 전화를 해온 것이다. 다리가 불편한 여든 살의 할아버지와 평균 수명의 두 배 이상을 산 늙은 소, 바로 이거다 싶었다. 죽을 생각까지 했던 나에게 한 줄기 희망 같은 소식이었다.

1999년 무렵 외환위기로 인해 여기저기서 고개 숙

인 가장의 이야기가 들려왔다. 독립 피디로 일하는 동안 세상에서 가장 슬픈 것은 사라지는 것이 아니라 잊히는 것이라는 걸 알고 있었다. 고개 숙인 아버지와 사라진다는 것이 자연스럽게 연결되었다.

어린 시절 딸랑딸랑 소리가 들리는 곳으로 고개를 돌리면 거기엔 언제나 아버지가 있었다. 그리고 그 곁에는 소가 있었다. 어릴 적 나는 매일같이 소꼴을 베러 가거나 직접 소를 몰고 들판으로 나가 소가 풀 뜯는 모습을 지켜보았다. 때로는 고물 라디오에서 나오는 「무지개 마을」을 흥얼거리며 소등에 올라타 아버지와 함께 돌아왔고, 수확을 끝낸 다음이면 달구지에 보리가마니를 높이 쌓고 그 위에 누워 동화책을 읽거나 구름을 보거나 했다.

3남 1녀의 형제에다 할아버지 할머니까지 대가족이 움막 같은 집에 모여 살았다. 지독히도 가난했지만 그래도 그 시절이 행복했다고 느껴지는 것은 그나마 아버지와 가까웠던 기억이 남아 있기 때문이다.

아버지와 어머니는 참으로 달랐다. 아버지 쪽은 경찰 집안이었고 어머니 집안은 좌익 쪽이었으니 두 분의 관계는 시작부터 어떤 어려움을 갖고 있었는지도 모른다. 어릴 적 기억들이 선연히 남아 있는 것도 그런 이유 때문일 것이다. 더구나 두 분은 성격까지 너무 달라 무뚝뚝하고 말이 없는 아버지 덕분에 소를 부리는 일 외에 나머지 일은 자연스럽게 어머니의 몫이 되었다. 우리 어머니는 대통령감이었다. 어떤 일을 하나 하더라도 전체를 컨트롤하고 지휘하는 편이었다. 그런 어머니가 아버지에 대한 원망을 쏟아낼 때면 아버지가 애꿎은 소에게 화풀이하는 것도 여러 번 보았다.

자라면서 아버지는 점점 먼 산 같았다. 늘 거기 있었지만 먼 산처럼 바람이 부는지 꽃이 피는지 알 수 없었다. 그런 아버지를 볼 때면 언제나 답답증이 찾아왔다. 아버지와 아들의 관계에서 오는 먹먹함 같은 것이었다. 서로 따뜻하게 손 한번 잡아주지 못하고 다정한 눈길 한번 주지 않는 관계…….

아버지는 남들에게는 잘하면서도 가까운 이들에게는 잘해주지 못하는 습성이 있었다. 그것을 잘못된 유전자라고 부르면 될까? 애석하게도 나는 그런 아버지의 성품과 성격을 꼭 닮았다.

아버지의 침묵을 견디기 힘들었다. 생각하면 밑진 것 같기도 하고, 어쩐지 아버지로 인해 상처받은 것 같기도 했다. 힘든 사춘기를 보내고 반항도 하면서

아버지에 대한 빚이 하나하나 쌓여갔다. 그래서인지 나이가 들수록 자식 된 도리를 못한다는 죄스러움이 부채의식처럼 남아 있었다.

그 아버지에서 출발한 것이 《워낭소리》였다. 열심히 일만 하며 자식들에게 헌신하던 모습, 우직함, 무뚝뚝함 같은 것들이 소와 참 닮아 있었다. 학비를 마련하느라 소를 팔러 갈 때면 눈물을 보인 적 없던 아버지의 눈에도 눈물이 흘렀다. 그 유년의 기억 속에 봉인되어 있는 아버지와 소, 그들의 전성기를 되살려야겠다고 생각했다. 나에게 아버지는 사금파리와도 같았다. 깨어진 그릇의 파편처럼 더 이상 필요 없어진 존재가 아버지와 소라는 느낌으로 다가왔던 것이다. 고향인 전남 영암에 내려가 아버지를 촬영할 생각도 해봤지만 이미 오래전 아버지는 소 대신 돼지를 키우고 계셨다. 엄밀히 말하자면 어머니가 키우는 것이지만 말이다.

아버지의 헌신과 그 곁에 존재하는 소를 통해 기억 속의 아버지를 현실로 불러오고 싶었다. 《워낭소리》는 그 주술과도 같은 것이었다. 흩어져버린 사금파리를 모아 사기그릇을 만들어가는 과정, 그것은 자식으로서 아버지에게 먼저 건네는 손길이자 반성문이었다.

할아버지와 소를 찾는 일은 생각보다 쉽지 않았다. 2000년부터 본격적으로 내가 생각한 이미지의 소와 아버지를 찾기 위해 전국의 농촌을 뒤지기 시작했다. 독립 피디로 일하는 동안 고향 관련 프로그램을 수년간 하면서 전국 농촌 곳곳의 이장과 부녀회장, 농축협 관계자를 많이 알게 되었는데, 이들을 통해 적당한 인물을 수소문하고 수시로 전화를 주고받았다. 강원도 횡성부터 시작해 전국 우시장은 다 돌아다녔고 완도 같은 섬마을까지 가봤으니 말 그대로 산 넘고 바다 건너 찾아다닌 셈이다.

햇빛과 풍광이 좋았던 한 지리산 마을에서는 소가 이미 수명을 다해 허탕을 치기도 했고, 고창에 서른여덟 살 된 소가 있다고 해서 찾아갔다가 발길을 돌린 적도 있었다. 내가 원하는 모습과는 차이가 있었던 것이다. 나는 되도록 늙고 장애가 있는 소재를 찾아다녔다. 그럴수록 그들이 바치는 헌신이 더욱 극대화될 것이기 때문이었다.

경북 봉화군 상운면 하눌리 산정마을, 최원균 할아버지가 사는 집은 그 마을에서도 길 건너, 새내미 골짜기에 위치한 외딴집이었다.

봉화에 내려가서 소를 본 첫 느낌은 '이걸 해야 하

나?'였다. 아련한 추억 속의 소라기보다는 털북숭이 거북이 같았다. 너무 늙어 오늘내일 할 것 같은, 소 같지 않은 소였다. 고개를 못 들 정도로 흐느적흐느적하는 데다 눈에는 눈곱이 잔뜩 끼어 있었다. 그 늙은 소 옆을 보니 소의 멍에를 고치다 꾸벅꾸벅 졸고 있는 할아버지가 보였다. 드디어 '찾았다!'는 느낌보다는 이렇게 병들고 다 죽어가는 소를 찍어야 하는 건가 싶었다.

조금 더 지켜보았다. 그런데 할아버지가 한쪽 다리를 저는 게 아닌가. 다리가 불편해 달구지를 타고 다니신다고 했다. 늙은 소 역시 언덕을 올라갈 때면 곧 넘어갈 듯 어찌나 위태위태해 보이던지……. 그런데 할아버지는 소가 힘들어하면 달구지 위에서 느긋하게 기다려주었다. 결코 채근하는 법이 없었다.

잠시 동안 지켜본 할아버지와 소는 느릿느릿했다. 쉴 새 없이 빠르고 욕심 많게 살아오느라 봉화에 내려오는 순간까지도 머리가 터질 것 같아서 집 밖으로 뛰쳐나가 무작정 걷곤 했던 나에게 어쩐지 그 모습이 싸하게 다가왔다. 2004년 겨울의 일이었다.

할아버지와 소를 촬영하기로 결정은 했지만 시작

부터 난항이었다. 기획서를 가지고 방송국을 찾아가면 번번이 퇴짜를 맞았다. 소재가 너무 진부하고 '올드'하다는 것이었다. 교훈적인 이야기를 담거나 좀 더 리얼하게 르포 형식으로 가보자는 곳도 있었다. 그러다 작품이 완성되면 방송을 내보내겠다는 반 약속을 구두로나마 받아낼 수 있었다.

제작자를 찾는 일도 쉽지 않았다. 제작비가 한 푼도 없었으니 어떻게 해서든 제작자를 찾아야만 촬영을 시작할 수 있는 형편이었다. 다행히 어린 시절 소를 키워본 경험이 있는 제작자를 만나 촬영을 시작하기로 했다. 제작자에게는 방송국과 약속이 되었다고 '사기'를 쳤고, 그나마도 제작자는 1년 이상은 못한다고 쐐기를 박았다.

그러나 정작 문제는 봉화에 있었다. 할아버지는 귀가 어두워 질문을 하면 선문답을 하시는 데다 경상북도 특유의 억센 사투리 때문에 알아들을 수가 없었다. 단답형 말투인지라 인터뷰 형식으로 하기도 어려웠다. 게다가 카메라가 무엇인지도 모르는 시골 양반이었으니 촬영 허락을 받아내는 것도 쉽지 않았다. 어렵게 설득한 끝에 노부부의 장남을 통해 겨우 계약을 했다.

제작비 여건상 카메라 두 대로 촬영을 시작했다. 그렇게 일단 시작은 했지만 생각보다 훨씬 더 막막했다. 할아버지와 소의 삶과 죽음, 노동을 기록해야 하는데 늙은 소를 보고 있노라면 과연 언제까지 촬영을 계속할 수 있을지 예측할 수가 없었다. 이 위태위태한 소가 1년 이상 버텨줄 수 있을지 불안하기만 했다. 더구나 노부부의 일상을 지켜봐도 도무지 특별할 게 없었다.

촬영 경험이 없다 보니 일단 카메라를 들이대면 할아버지 할머니가 부자연스러워지는 것도 문제였다. 할머니는 나들이 갈 때 입는 좋은 옷을 꺼내 드셨고, 할아버지는 사진을 찍는 줄 아시는지 무표정으로 일관하거나 화를 내거나 하실 뿐이었다.

나 역시 이미 내 마음이 아니었다. 마지막이라는 생각으로 시작한 작품이었다. 이번에도 실패하면 정말로 죽음을 선택하거나 무당 말마따나 스님이 되거나 할 생각이었다. 나름대로 마지막 배수진을 치고 촬영에 임했기에 절박했다. 어떻게 해서든 잘 만들고 싶다는 마음이 앞설 수밖에 없었다. 그러니 리얼하지 않았다. 진실하지 않았다. 그분들 삶의 아우라를 보여줄 수가 없었다.

연출자가 개입을 하느냐, 아니면 그저 지켜보며 있

는 그대로를 보여주어야 하느냐와 같은 다큐멘터리에 관한 오래된 논쟁은 그다지 의미가 없었다. 다만 내가 본 보편성을 어떻게 살려낼 것인가 하는 고민이 이어졌을 뿐이었다. 그 고민이야말로 무엇을 담아낼 것인가의 문제였고 내가 기존의 다큐멘터리와는 다른 방식을 선택할 수밖에 없었던 이유이기도 했다.

고민 고민 끝에 내린 결론은 두 가지였다. 첫째, '소리'를 찍자는 것, 둘째, '관계'를 찍자는 것이었다. 그것만이 내가 본 보편성을 살려낼 수 있는 방법이었다.

보이는 것이 전부는 아니다. 눈에 보이는 것만이 진실도 아니다. 앞을 못 보는 사람에게는 소리가 진실이 된다. 무엇보다 똑같은 일상 속에서 반복되는 영상은 아무런 느낌을 줄 수 없으리라 생각했다. 그 대신 할아버지의 신음 소리나 농기계 소리, 봉화의 새소리, 이런 소리들은 부인할 수 없는 그분들의 삶 그 자체와도 같았다. 그 소리들을 모아가는 것이 사금파리를 온전한 그릇으로 만들어가는 과정이라고 생각했다.

또 하나는 관계였다. 할아버지와 소의 관계, 할머

니와 할아버지의 관계, 젊은 소와 늙은 소의 관계, 이 모든 관계는 따로 떨어져 있는 것이 아니라 운명 공동체처럼 결국 하나였다. 소가 있으니 할아버지가 있고, 할머니가 있으니 할아버지가 있고 고향이 있었다. 그렇게 다양한 관계가 얽히고설키며 하나의 운명 공동체를 만들어내는 것이고, 어느 한 관계가 끊어지면 다른 관계들도 와르르 무너질 수밖에 없다는 것을 알았다.

그리고 그것이 아버지이자 고향이었다. 그러다 보니 나 자신의 개인적인 아버지에서 출발했지만 한국의 보편적인 아버지, 어머니, 동물, 고향이라는 네 가지 키워드로 영화의 방향이 자연스럽게 정해졌다. 동서양을 떠나 누구에게나 공감을 불러일으킬 수 있는 주제였다.

하지만 그것은 확실히 불편한 정서다. 그럼에도 내가 그랬던 것처럼 관객들 스스로가 자신의 부모를 어떻게 바라보고 대하고 있는지 돌아보기를 바랐다. 또한 아버지든 소든 어머니든, 한때 우리의 유년을 키웠으나 지금은 사금파리 같은 존재가 되어버린, 잊히고 사라져버린 것들에 대한 향수를 담고자 했다. 이는 일종의 노스탤지어였다.

여기에다 급할 게 없는 할아버지와 소의 템포에 맞추기 위해 카메라를 들고 찍기보다는 오랜 시간을 기다리며 멀찌감치 찍는 방법을 택했다.

그렇게 영화의 방향과 연출 방식을 결정하고 난 뒤에도 여섯 달 동안은 그저 지켜보기만 했다. 할아버지와 할머니가 카메라를 의식하지 않는 시간이자, 내가 관계 속으로 들어가는 시간이었다.

얼마 안 가 할아버지의 동선이 파악되고 일상이 보이기 시작했다. 할아버지는 소에게 지극정성이셨다. 소의 엉덩이에 덕지덕지 붙은 소똥을 떼어주는 것은 물론, 아파서 누워 있다가도 소가 가려워하면 얼른 일어나 긁어주셨다. 그런데 정작 본인은 온종일 일하고 돌아와 씻지도 않고 잠드는 날이 많았다. 피곤한 데다 다리가 불편해 씻는 것 자체가 고역이었기 때문이다. 흙을 묻힌 채 잠든 할아버지의 발을 보고 있노라면 흙이란 결코 더러운 것이 아니었다.

그 노동은 정직했다. 할아버지는 온종일 일만 하셨다. 더러 편하게 낮잠도 주무시면 좋을 텐데 그저 소 옆에서 꾸벅꾸벅 졸거나 달구지 위에서 조는 것이 전부였다. 돈을 많이 벌기 위한 것도, 좀 더 생활이 나아지기 위한 것도 아니었다. 마치 무소유의 노동 같았다. 이는 그분들에게 생활일 뿐이었고 최원균 할아버지가 특별한 것도 아니었다. 시골 아버지들 누구나 그랬고 이 땅의 아버지들이 갖는 일종의 보편성이었다. 그 노동 앞에서 마음이 편안해졌다.

다시 한 번 어떤 깨달음이 마음을 쳤다. 저분들에게 꿈이란 무엇이고 내일이란 무엇인가. 내가 너무 빨리 살았구나, 욕심이 너무 많았구나, 문제는 나구나 하는 생각…….

그리고 또 생각했다. 적어도 촬영을 하는 동안만큼은 느릿하게 걷자고, 앞서지도 뒤서지도 말고 할아버지와 소의 걸음에 맞추어 보자고, 그렇게 비워내 보자고 말이다.

물론 쉽지는 않았다. 마지막이라는 생각으로 임했으니 작품에 대한 욕심이 많았던 게 사실이다. 그러나 그동안 쌓아왔던 것을 모두 버리자 했다. 할아버지와 소의 걸음처럼 느릿하게 덧셈이 아닌 뺄셈으로 가보자 했다.

따져보면 이제껏 내가 실패했던 이유 역시 그 때문인지도 모를 일이었다. 자꾸만 보태고 쌓고 보여주려고 하다 보니 차다 못해 넘쳐버렸다는 데 생각이 미쳤다. 다른 사람을 배려하지 못한 오만함 때문은 아니었을까 하는 생각에 이르자 답이 나왔다. 이번 작품만큼은 바라보는 작품이 되었으면 좋겠다 싶었다. 아버지와 소를 통해 사람이 태어나서 일하고 늙어가고 죽는 것을 되돌아볼 수 있기를 바랐다.

마음이 한결 가벼웠다. 영화를 만들어가면서 나는 분명 보다 자유로워져 있었다.

#01 봄날은 간다

저 멀리서 들에 나갔던 할아버지와 소가 돌아오는 게 보였다. 할아버지는 달구지 위에서 잠들어 있었고 라디오에서는 백설희 씨의 「봄날은 간다」가 들려오고 있었다.

노랫말이 꼭 소의 일생을 보여주는 것 같았다. 우직한 면 때문에 소를 보며 아버지를 떠올리겠지만 소는 암소였다. 일소 대개가 그렇듯이.

이 노래를 꼭 넣고 싶었는데 문제는 저작권료가 너무 비싸다는 거였다. 고집을 부리다 결국엔 포기하고 인위적으로 라디오 뉴스를 넣어야 했다. 제작자를 탓할 수 없는 일인 걸 알면서도 아쉬움이 남다 보니 고영재 프로듀서가 못마땅하기까지 했다.

다른 장면에서도 마찬가지였다. 저작권 문제 때문에 어쩔 수 없이 라디오 공익광고나 교통방송을 실었다. 겨우 그대로 내보낸 것이 「청춘을 돌려다오」였다. 나중에 음악다큐를 해보고 싶은 마음이 있었는데 아무래도 그건 어렵겠다.

#02 막걸리

새참을 먹던 할아버지와 할머니가 옥신각신하신다. 소한테 막걸리를 주는 것 때문이었다. 할아버지는 두통 때문에 술을 잘 안 하시는데 소한테는 막걸리를 한 사발씩 주곤 하셨다. 내 고향 영암에서도 그런 모습을 자주 보았다. 전라도에서는 소가 힘들어하거나 기력이 없을 때 산낙지를 먹였다. 특히 소는 설사를 하면 죽는다는 말이 있는데 그때 산낙지는 가장 좋은 약이었다. 낙지가 쓰러진 소도 일으켜 세운다는 말은 그래서 나왔을 것이다.

봉화에서는 막걸리를 먹인다. 그런데 얼마 전 이웃 마을에서 막걸리를 너무 많이 주는 바람에 소가 죽었다. 그 이야기를 듣고부터 할아버지는 행여나 소한테 해로울까 싶어 조금만 주라는 것이었다. 할머니 표정을 보니 뾰로통하셨다.

역시나 그놈의 '소'가 문제였다.

#03 이별 준비

소가 넘어졌다. 힘이 없어 더러 그런 일이 있었다.

할아버지 댁에 수의사가 찾아와 남긴 말은 이미 충분히 오래 살았고 앞으로 1년 정도 더 살 거라는 얘기였다. 할아버지는 원래 남의 말을 잘 듣지 않으셨다.

"안 그래!"

그날도 할아버지는 쉽게 받아들이지 못하셨다. 그리고 조금 착잡하신 듯했다. 할아버지는 소에게 일을 시키면서도 부채의식처럼 미안함을 갖고 있었다. 소가 없으면 일을 못하니 소는 꼭 있어야 되겠고, 그러자니 일을 시키면서도 미안해하셨다.

그 무렵 젊은 소가 들어오고 송아지까지 낳으면서 늙은 소의 일은 배가 되었다. 할아버지는 늙은 소를 아꼈지만 식솔이 늘어났으니 어쩔 수 없이 또 소를 끌고 나가셨다. 소꼴을 베는 것도 큰일이었다. 대부분 농약을 치다 보니 좋은 꼴을 찾는 것도 어려웠고 젊은 소의 먹성이 어찌나 좋은지 하루에도 서너 차례는 나갔다 와야 했다.

할아버지에겐 그게 늘 마음의 짐으로 남아 있었나

보다. "안됐어요, 안됐어." 하는 말을 자주 하셨다. 그런데 그 소가 1년밖에 못 산다니 사라져가는 한 생명 앞에서 과연 이것을 좋다고 해야 할까, 슬프다고 해야 할까…….

사실 영화를 찍는 동안 왜 소가 안 죽느냐고 제작자에게 타박도 여러 번 들었다. 나 역시 솔직히 소가 길 위에서 쓰러져 죽었으면 하고 생각한 적도 있었다. 일하다가 처참하게 죽었으면 하는 사악한 마음을 가진 적도 있었다. 인력으로 어찌 못하는 일인 줄 알면서도 자꾸 늘어가는 제작비와 촬영 기간 때문에 속이 바싹바싹 타들어갔다.

그런데 소의 죽음이 가까워져 왔다니, 솔직히 좋았다고 말해야겠다.

#04 젊은 소 vs. 늙은 소

노부부의 똑같은 대화와 반복되는 일상을 보고 있자면 참으로 막막했다. 어떤 이야기를 해야 하나 어떤 영상을 담아야 하나 답답해지곤 했다. 다행히 할머니의 재미있는 면을 발견하게 되면서 그나마 숨구멍이 트였고, 2005년 겨울에는 예기치 않게 젊은 소가 들어왔다. 그리고 송아지를 낳았다. 이게 웬 횡재냐 싶었다.

그런데 이 송아지가 이상했다. 커갈수록 제 어미는 제쳐두고 자꾸 늙은 소한테 가 있었다. 젖 먹을 때만 잠시 어미한테 갈 뿐, 젖을 먹고 나면 또 쫄랑거리며 늙은 소한테 가서 부비고 그 주변에서만 얼쩡거리며 노는 것이었다.

"늙어빠진 것한테 붙어 있지 말고 느 어마이한테 가!"

할머니가 아무리 말해도 소용없었다.

이상하기는 늙은 소도 마찬가지였다. 꼭 제 새끼인 양 핥아주는 것도 모자라 들에 나갈 때면 몇 걸음 걷다 멈추고는 집 쪽을 돌아보며 우는 게 아닌가. 누가 보면 꼭 제 새끼를 떼어놓고 가는 어미라고 생각했을 것이다. 평소에는 소리가 제대로 안 나와 '음머' 하는 소리 한 번 안 내던 소였다. 아마도 송아지가 맨 처음 태어나서 본 게 늙은 소였기 때문이 아닐까 추측해볼 뿐이었다.

젊은 소가 공격적으로 변한 건 그때부터였다. 제 새끼가 늙은 소에게만 가 있으니 여물을 먹을 때건 옆에 있을 때건 사사건건 늙은 소를 공격해대는 것이었다. 아무래도 새끼를 빼앗긴다는 생각이 들었던 모양이다. 그런데도 이 순한 늙은 소는 매번 당하기만 했다. 어쨌든 새롭게 등장한 그 관계가 나를 긴장시켰다.

관계들이 형성되고 대립각들이 생기면서 내가 따로 개입할 필요가 없었다. 젊은 소가 늙은 소에게 개입하고, 할머니가 할아버지에게 개입하고 있었다. 그러니 나는 할머니의 등 너머에서 지켜보기만 하면 되었다. 더구나 할머니가 나래이션도 하고 조연 배우까지 해주니, 솔직히 연출자 입장에서는 편하고 고마운 노릇이었다. 내가 연출을 한 게 있다면 말씀이 없는 할아버지에게 막걸리 한잔 건네며 나의 어려운 이야기를 하는 정도였다.

"할아버지, 제가 요즘 좀 어려워요. 쌀독에 쌀도 떨

어져가고…….”

촬영을 핑계 삼아 나도 신세 한탄이나 해보자 싶었던 것이다. 그러면 이 선한 양반은 묻지도 않은 이야기들을 술술 쏟아내곤 하셨다.

그러다 보니 극영화처럼 되어버린 면이 있는 것도 사실이다. 그러나 애초부터 서사적인 것은 그다지 중요하지 않았다. 카메라 두 대로 밀착취재를 하면서 모든 관계를 찍고자 했기 때문이다.

할아버지와 소, 할머니와 할아버지, 할머니와 소, 여기에 젊은 소와 늙은 소, 송아지와 늙은 소의 관계까지 보태졌다. 나는 그 관계에서 파생되는 것들을 잡으려고 했을 뿐이다. 시간의 흐름은 큰 의미가 없었다. 시간이 가면서 만들어낸 단층, 그것은 오히려 서정에 가까웠다.

그나저나 이들은 과연 연기를 했을까, 안 했을까?

만약 연기를 한 것이라면 가장 먼저 아카데미 주연상을 이들에게 주어야 할 일이다.

#05 할마이 중한지는 모르고

카메라를 놓고 들에 나간 두 어르신을 기다리고 있자니 멀리 달구지에 함께 타고 오는 모습이 보였다. 그런데 두 분이서 뭔가 실랑이를 하시더니 할머니가 달구지에서 내려 터벅터벅 걸어오시는 게 아닌가.

그리곤 소가 멈춰 섰다. 길가의 풀을 뜯느라 멈춘 소를 할아버지는 여느 때처럼 한없이 기다려주고 있었다. 할아버지는 할머니에게는 너그럽지 못했지만 소한테만큼은 재촉하지 않았다. 아마 그 느긋함이 소를 오래 살게 했을 것이다.

덕분에 할머니는 우리를 지나쳐가며 여전히 신세 한탄이셨다.

"할마이 중한지는 모르고……."

어느 때는 소가 힘이 빠졌다고 할머니더러 내려서 달구지를 밀라고 한 적도 있었다. 그러니 말해 무엇하겠는가.

할머니는 언제나 같은 이야기를 반복하셨다. 1년 동안 곁에서 지켜본 대화가 매번 똑같았다. 그것은 우리네 어머니들의 모습이기도 하다.

그러나 그게 전부는 아니었다. 곁에서 지켜본 두 분은 생각보다 다정다감하고 재미나셨다. 내가 알아들을 수 없는 말을 하실 때도 많았다. 두 분은 종종 소약을 지으러 약국에 가는데 아니나 다를까 그때마다 또 옥신각신하신다. 할아버지가 약사에게 다가가 잘 좀 지어달라고 부탁하면 그 모습을 지켜보는 할머니는 '에이구, 에이구'를 연발하신다. 자기 약은 안 지어주면서 저놈의 늙은 소만 챙긴다는 것이다.

그뿐이 아니다. 마이크를 채워 드리고 멀찍이 떨어져 있으면 안 들리는 줄 아시는지 두 분이서 제작진들 욕도 하고 생각보다 많은 대화도 나누셨다. 대개는 할머니가 무언가를 부탁하거나 할아버지를 닦달하는 내용이라서 싸움에 가깝지만 말이다.

그래도 귀가 어두운 할아버지가 할머니 말만큼은 용케 알아들으시는 걸 보면 그게 함께 산 세월인 모양이다.

#06 할아버지가 소보다 사랑하는 것

할아버지가 세상에서 가장 싫어하는 것은 할머니의 잔소리다. 그다음으로 싫어하는 게 바로 나였다. 그래도 할아버지의 마음을 얻는 방법이 아주 없는 건 아니었다.

할아버지는 담배를 좋아하신다. 그중에서도 긴 담배가 세상에서 최고인 줄 알아서, 제일 긴 '장미' 담배나 긴 담뱃대에 넣어 피우는 봉초만 피우신다. 방송용으로 촬영하다 보니 담배 피우는 모습을 피해 찍느라 여간 어려운 게 아니었다. 편집을 하는 과정에서 일일이 지우기도 했다.

그래도 덕분에 할아버지 마음을 얻기는 한결 수월했다. '장미' 담배를 사다 드리면 그 무뚝뚝한 할아버지도 그때만큼은 해맑아지셨다.

그 웃음이 어찌나 선한지…….

할아버지는 분명, 소보다 담배를 사랑하신다.

#07 축사 무너지던 날

연일 폭우였다.

전국적인 폭우에 곳곳이 무너졌다는 소식이 들려오는데 봉화에서는 아무 연락이 없었다. 큰비가 오면 아무래도 축사가 무너질 것 같아서 전부터 여러 차례 연락을 해달라고 할아버지의 아들에게 신신당부해 놓은 참이었다.

제작비 여건상 상주를 못하다 보니 촬영을 놓친 경우가 많았다. 자주 내려가서 지키고 앉아 촬영을 해야 하는데 생활은 해야겠고 하니 어느 쪽도 녹록지가 않았다. 내려갈 차비조차 마련하지 못할 때도 있었다. 덕분에 촬영 감독도 많이 바뀌었다. 한번 내려가면 24시간 내내 카메라만 붙들고 있으라 하니 누구라도 견디기 힘들었을 것이다. 그렇게 촬영을 하느라 놓치지 않은 장면도 많았고 놓친 장면도 많았다. 송아지가 태어나던 날에도 그랬다. 새끼를 낳을 때가 되면 몸에 변화가 온다는데 이 젊은 소는 확실히 이상했다. 분명 낳을 날짜라는데도 전혀 티가 안 났고 별다른 기미도 없었다. 그저 사납기만 했다. 기다리다 결국 서울로 출발했는데 문막쯤 가고 있을 때 연락이 왔다. 다시 차를 돌려 가봤더니 이미 새 식구가 하나 늘어 있었다.

그런 일이 한두 번이 아니었다. 그러니 어떻게 해서든 축사가 무너지는 장면은 꼭 촬영하고 싶었고 흐름상으로도 필요했다. 그래서 연락을 해달라고 했던 건데…….

뉴스를 보다가 아무래도 걱정스러워 무작정 봉화로 내려갔다. 축사는 이미 무너져 있었다. 아주 깨끗했다. 아들이 무너진 잔해를 불도저로 밀어버린 것이다.

아…….

처음 할아버지의 집은 처녀림처럼 아무도 돌보지 않은 원시의 느낌을 간직하고 있었다. 마당은 어질러져 있었고 온갖 잡동사니로 가득했다. 처음엔 그 모습이 심란했지만 나중에는 오히려 정겨웠다. 그런데 영화를 찍는 동안 조금씩 달라졌다. 어느 날엔 현판이 걸리고 어느 날엔 장승이 생겨났다. 자식들이 마음이 불편해 그렇게 한 것이었다.

그 마음을 모르는 바는 아니었다. 그래도 외양간만은 그대로 두었으면 했는데 이미 옆에는 새 외양간이

지어지고 있었다. 그 모습이라도 카메라에 담자고 촬영을 했는데 지지리 운도 없었다. 카메라에 물이 들어가 촬영한 게 몽땅 날아가 버린 것이다.

당시엔 무척이나 아쉬웠고 절박했다. 그러나 지나고 보니 오히려 다행이었다는 생각이 든다. 덕분에 영화가 한결 가벼워졌으니 전화위복이 된 셈이다.

다른 것들이 채워질 수 있는 자리를 남겨둔 것은 다행스러운 일이었다. 할아버지의 마음, 봉화의 새소리, 워낭소리의 울림, 빈자리를 채울 수 있는 것은 생각보다 많았다.

#08 읍내 가던 날

VOICEYE voiceye.com KOR

봉화는 시골 중에서도 시골이라서 읍내에 나가는 일 역시 쉽지가 않다. 모처럼 두 분이서 읍내에 가시는 날이었다. 할아버지 건강 때문에 병원에 들르기 위해서였다. 두 분과 어디서 만나자는 약속을 하고 차를 타고 먼저 이동했다.

읍내에서 동선을 잡고 기다리는데 마침 근처에서 미국산 쇠고기 수입 반대 시위를 하고 있었다. 순간 저 앞을 지나가면 그림이 되겠다는 감이 왔다. 카메라 두 대를 놓고 기다리는데 약속이라도 한 것처럼 시위하는 사람들 앞에서 소가 멈춰 섰다.

그렇게 한참을 노부부를 태운 달구지와 소는 멈춰 있었다. 충분히 정치적인 의도로 받아들일 수 있는 장면이다. 그러나 그 역시도 할아버지가 스쳐 지나가는 풍경이자 삶을 구성하는 요소일 뿐이었다. 작은 읍내마을에서까지 시위를 할 수밖에 없는 농촌 현실이 착잡하다면 착잡했을 뿐, 그 어떤 정치적 미학도 의도도 없었다.

내 눈에는 오직 할아버지와 소의 관계만 보였다. 그

렇게 둘의 관계를 지켜보다 보니 우연찮게도 한 시공(時空)에서 두 모습의 소가 부딪치고 있었다. 한쪽에서는 고기로서의 소가, 또 다른 한쪽에서는 생구(生口)로서의, 하나의 생명으로서의 소가 존재했다.

아직 해야 할 일이 남아 있는 소, 한가족이자 오랜 벗으로서의 소, 할아버지의 한쪽 다리가 되어준 분신으로서의 소가 거기 있었다.

#09 영정사진

처음 할아버지 집에 왔을 때는 집안에 영정사진이 없었다. 누군가 그려놓은 할아버지 할머니 그림이 있을 뿐이었다. 하루는 슬쩍 여쭤봤다.

"할머니, 영정사진이 없네요?"

"돈 있으면 찍으면 좋지……."

할머니는 내심 찍고 싶은 눈치셨다. 그런데 돈도 없고 자식들한테 찍어달라고 하기도 뭣한 모양이었다.

"할머니, 찍고 싶으시면 말씀하세요. 저희가 제작비로 찍어 드릴 테니까요."

그러다 모처럼 읍내 가던 날, 나온 김에 사진관에 들르게 된 것이었다.

할아버지는 내내 표정이 어두웠다. 한숨만 푹푹 내쉬고 있었다. 병원에서 일을 줄이지 않으면 풍이 올 수도 있다는 말을 들은 터라 그랬을 것이다. 상태가 심각하다는 말을 듣고 나서 곧바로 영정사진을 찍어야 한다니, 그렇지 않아도 평소에 툭하면 오래 못 살 것 같다며 겁도 많은 분이셨다.

할머니는 그런 할아버지의 심정을 이해하기라도

하는 듯 버럭 화를 내는 것으로 할아버지의 쓸쓸한 마음을 풀어놓았다. 다독거림 같은 것이었다.

"웃어!"

영정사진을 곱게 액자에 넣어 벽에 걸었다. 그 모습이 앙상하다.

#10 일소의 운명

비가 온다.

쏟아지는 빗속에서 할아버지는 또 소에게 멍에를 씌우고 달구지를 매달았다. 논에 가시려는 것이었다. 할머니는 못마땅해 입이 들썩들썩하셨다.

소가 제대로 걷지도 못하는데 이렇게 궂은 날까지 일하러 가셔야 하나 싶다가도 그게 일소의 운명이라는 생각에 그냥 따라나섰다.

일소의 운명을 타고난 이상 죽을 때까지 일을 해야 한다. 일소는 갑자기 일을 안 시키면 시름시름 앓다가 죽는다. 자기가 일소라는 것도 알고 팔려가리라는 것도 안다. 일을 안 시키면 본능적으로 느끼는 것이다. 죽거나 팔려갈 때가 되었다는 것을.

소가 40년을 살 수 있었던 것은 아마도 할아버지와 함께 끊임없이 꼼지락거렸기 때문일 것이다.

#11 아!

할아버지가 소에 치이셨다.
카메라를 내동댕이치고 뛰어들었다.

#12 청춘을 돌려다오

방안에서 콩을 고르며 할머니의 긴 이야기가 시작되었다. 원래 재미있는 분이긴 하지만 말씀이 그렇게 많은 편은 아니셨다. 처음엔 할아버지에게 끝없이 지청구를 해대는 모습에 딱 '못된 할머니'인 줄로만 알았다. 물론 그게 아니었지만 말이다.

담아둔 이야기들이 많기 때문일 것이다. 가부장적인 사회에서 참고 억누르면서 살다 보니 자식들이 오거나 들어줄 사람이 생기면 끝없이 이야기를 쏟아내는 것이다. 우리 어머니가 그랬고 봉화의 할머니들 역시 그랬다. 아마도 내가 촬영을 한다고 줄곧 붙어있으니 내게라도 위로를 받고 싶으셨던 모양이다.

할머니는 영특한 분이다. 젊었을 때는 꽤 미인이셨고 지금도 일흔이 넘었다는 게 믿기지 않을 만큼 몸매도 날렵하고 목소리도 창창하시다. 자신에 대한 자부심도 굉장히 높다. 가끔 과장되고 오버를 해서 문제지만 말이다.

그러면 뭐하나, 남편은 소만 바라보고 소만 챙기는데. 할머니는 라디오에서 흘러나오는 가요를 흥얼대셨다.

"청춘아~ 내 청춘아~ 어딜 갔느냐~"

할머니는 열여섯에 열아홉이던 할아버지를 만나셨다. 할머니 표현을 빌리자면 그건 완벽한 '사기결혼'이었다. '훤한 장부'가 있다고 해서 60리 길을 가마 타고 왔더니, 훤한 장부는커녕 한쪽 다리가 불편한 할아버지가 있었기 때문이란다. 속아서 결혼한 그때부터 자신의 슬픔이 시작됐다는 것이다. 거기다 할아버지 성격은 또 어찌나 소고집인지 고생도 무던히 하셨다 했다. 한때는 도라지나 감자 같은 채소를 싣고 먼 곳까지 행상을 나가면서, 할아버지와 함께 자식들 대학공부까지 시키며 뒷바라지를 하셨다.

물론 영화에서는 할머니의 재미있는 면을 많이 보여주었지만, 이 땅의 어머니들이 그렇듯 자식을 위해 모든 것을 헌신한 희생이 그 안에 있음을 안다. 그러니 오죽 하고픈 이야기가 많으셨을까.

독립 피디 시절 고향 관련 프로그램을 하면서 시골 마을을 찾아다녔다. 그때마다 마을회관에 모여 앉은 어머니들은 우리가 듣기엔 그다지 웃기지도 않은 이야기를 하면서 자기네끼리 재미있어했다.

그것을 해학이라고 해야 할까? 농담을 주고받으며

하는 질퍽한 인생 이야기, 그것이 우리네 어머니들의 특징이었다. 이삼순 할머니도 그랬다. 자신의 신세를 한탄하며 은유법이나 비교법을 써서 재미있게 풀어놓으셨다.

그러나 할머니 당신의 삶보다는 할아버지와의 관계에만 주목해 촬영했다. 곁가지는 모두 잘라낸 셈이다. 어머니를 강조했더라면 뻔한 농촌드라마가 되었을 것이다. 그리고 오히려 영화 속 할머니가 우리네 어머니상에 가까운 듯도 했다. 또 되도록이면 두 분의 삶 속으로 깊숙이 들어가는 것은 피하려고 했다. 같이 잠도 자지 않았고 함께 밥 먹는 것도 자제했다. 두 분의 생활을 훼방하고 싶지 않기도 했고 그래야 자연스러운 모습을 담을 수 있을 것 같아서였다.

그러다 한번은 할머니께 지청구를 들은 일도 있었다. 이웃마을 동갑 할머니한테는 어머니라고 부르면서, 당신에게는 왜 할머니라고 부르냐는 것이었다. 서운해하시는 모습을 보니 죄송스런 마음이 들었지만 어쩔 수 없는 일이었다.

#13 추석

가족들이 모두 모였다. 손자들까지 내려와 밤도 따고 저녁엔 모닥불도 피우고 정겨웠다. 아버지가 영화에 출연한다니 다들 즐거운 모양이었다.

한 가지 문제라면 촬영을 시작하자 역시나 할아버지는 사진을 찍는 줄 알고 무표정으로 일관하셨고, 할머니와 가족들은 카메라를 의식한다는 것이었다. 어쩔 수 없이 몰래카메라처럼 한쪽 구석에서 촬영을 했다.

가족들이 모두 모인 추석날의 풍경은 꼭 '6시 내 고향'이라는 프로그램 속의 한 장면 같았다. 촬영하는 동안에는 정겨운 고향 마을을 담았지만 편집을 하면서 곁가지들을 잘라내다 보니 좀 악의적으로 연출된 부분도 없지 않았다. 자제분들에게 미안한 부분이 있었다. 그러고 보면 확실히 연출자는 악마다.

내 주특기가 '치고 빠지기'다. 나는 조금 야비하게 자제분들에게 툭 한마디 던졌다. 할아버지가 건강도 안 좋고 나이도 많으신데 자제분들이 계속 일하게 놔둔다느니, 신경도 안 쓴다느니 하면서…….

그랬더니 아니나 다를까, 마당에 모여앉아 밥을 먹던 가족들이 흥분하는 게 보였다. 순식간에 화제는 단연 소를 팔자는 것으로 모아졌다. 나는 뒤로 빠져서 그 모습을 물끄러미 지켜보기만 했다. 늙은 소도 그랬다.

이런저런 문제를 떠나서 할아버지 뜻이 아니라 자식들끼리 결정해서 소를 팔자고 하는 모습이 그리 좋아 보이지는 않았다. '효'라는 이름 아래 부모님의 의사결정권을 빼앗는 것은 아닌가 싶어서 말이다. 사실 모든 자식들이 그렇다. 나 역시 아니라 할 수는 없겠다.

비판이 있더라도 보여줄 것은 보여주어야 한다. 나는 다큐멘터리는 기록이 아닌 해석이라고 생각하는 쪽이다. 그렇다고 이 상황이, 이 관계가 거짓말은 아니지 않은가.

편집을 하면서 그렇게 나는 추석날의 풍경을 '해석'했다.

#14 우시장

하늘이 노래졌다.

"팔아!"

"안 팔아!"

할아버지가 할머니와 가족들 성화에 못 이겨 정말로 소를 끌고 우시장에 가신다는 거였다.

눈앞이 캄캄했다. 몇 년간 애쓰고 노력한 결과가 모두 물거품이 되려는 순간이었다. 독하게 마음먹고 소를 팔려고 가시는 건지, 들볶이는 게 귀찮아 그냥 한번 나가보시는 건지 할아버지의 얼굴만 봐서는 도통 알 길이 없었다. 영주 우시장의 소 울음소리만큼이나 마음이 심란했다. 그러나 이내 할아버지가 소를 팔 마음이 없다는 것을 눈치챘다.

소 값 오백만 원이라니……. 그러면 그렇지 싶었다.

장에서 소주 한잔을 걸치고 난 뒤, 할아버지는 소와 함께 느릿하게 다시 제자리를 찾아 돌아오고 있었다. 석양 무렵이었다.

#15 소 아버지

벌써 며칠째 할아버지는 젊은 소를 길들이느라 애를 먹는 중이었다. 그런데 어째 진도가 잘 나가지 않았다. 할아버지의 건강이 좋지 않은 데다, 소를 제대로 길들이려면 수레 같은 것을 매달아야 하는데 도와주는 사람이 없다 보니 여간 어려운 게 아니었다.

할아버지는 본래 소를 잘 다루는 분이다. 젊어서는 소를 전문적으로 관리해주는 소 아버지셨다. 남의 집에 살면서 소를 키워주는, 소 머슴 같은 직업이다.

게다가 한때 우시장에서 소를 거래하는 일을 한 적도 있어서 소를 잘 아셨다. 할아버지에게는 소와 관계되는 일이 편해 보였다.

그래서일까, 젊은 소가 말을 안 듣는 모습을 지켜보며 걱정하는 할머니와는 다르게, 할아버지는 이내 덤덤히 길들이면 된다 하신다. 내 보기엔 아무래도 어려울 것 같은데……. 아무튼 좀 더 지켜볼 일이다.

#16 성자

할아버지는 고집이 세다. 나무를 하러 가도 절대 아무 나무나 하지 않는다. 흔들리지 않는 나름의 자기 기준이 있다.

할아버지가 베어오는 것은 언제나 아카시아 나무다. 일제강점기를 살아오셨는데, 그 무렵 일본인들이 나무를 베어내고 이걸 심었다는 이유 때문이었다. 일종의 정의감이라고 해야 할까? 자신이 살아 있는 동안은 '쪽바리'들이 심어놓은 건 다 베어버리겠다니 고집도 어지간하시다.

그런 장면들이 많았는데 할아버지를 너무 영웅화시킬 것 같아 영화에는 넣지 않았다. 그저 무던하니 소만큼 고향만큼 닮은 최원균 할아버지가 됐으면 좋겠다 싶었다.

그날도 여느 때처럼 나무를 한 짐 해서 달구지를 타고 집으로 향하는 길이었다. 우리는 할아버지가 돌아오는 길목에서 기다리고 있었다.

그런데 갑자기 할아버지가 달구지에서 내리는 모습이 보였다. 그러고는 지게에 나뭇짐을 나누어 지고 소와 나란히 걷기 시작하셨다. 처음 보는 일이었다. 할머니 말씀을 들어봐도 이전까지는 한 번도 달구지에서 내려서 걸었던 적이 없었다 했다. 그런데 소가 힘이 부쳐 하니 불편한 다리로 나뭇짐을 나눠 지고 걸어온 것이다.

할아버지가 소를 대하는 마음이 고스란히 전해져 왔다. 귀갓길이 마지막 길이 될지도 모르는 파트너를 향한 안타까움과 배려…….

그 순간 내가 보았던 것은 무지렁이 촌부가 아닌 성자(聖者)의 모습이었다.

#17 소가 죽었다

아무도 못 내려간다 했다. 밤 9시 무렵이었다.

소가 죽었다는 아들의 연락을 받고 여기저기 부탁을 해봤지만 선뜻 내려가겠다고 나서는 사람이 없었다. 나 역시 아르바이트로 드라마 촬영을 하느라 내려갈 형편이 아니었다. 할아버지와 소의 관계가 끝나는 장면이었던 만큼 꼭 찍어야 하는데 놓칠지도 모른다는 불안감에, 인간관계에 대한 회의까지 겹쳐 마음은 착잡했다. 어려울 때 친구가 진짜 친구라는데……. 눈물만 안 났을 뿐 울컥한 기분이었다.

드라마 촬영은 밤늦게야 끝났다. 결국 혼자서 카메라 한 대와 작은 조명을 챙겨 들고 밤길을 달려 봉화에 내려갔다. 할아버지는 쓰러진 소를 일으켜 세우려 하고 있었고 할머니는 소가 가장 좋아했던 사과를 썰고 계셨다. 평소 소가 좋아한다며 할머니가 종종 스님댁 사과밭 일을 거들어주고 받아오던 사과였다. 그러나 소는 먹지 못했다. 사과가 담긴 그릇을 자꾸 엎어버리기만 했다.

나무를 한 짐 해온 뒤 우사로 들어가자마자 힘없이

쓰러졌다고 했다. 쓰러지면서 머리가 우사 밖으로 나왔는데 그대로 일어서질 못한다는 것이다. 국수를 먹이면 좋다는 얘기를 듣고 국수까지 삶아 줬지만 소용없었다. 땅바닥에는 엎질러진 국수 다발이 널브러져 있었다. 초식동물은 한 번 쓰러지면 일어나지 못한다. 죽을 때가 된 것이다.

나 때문에 소가 먼저 죽지는 않았을까…….

그런 마음이 안 들었다면 오히려 이상한 일일 것이다. 영화를 시작하고 처음으로 혼자서 촬영을 하느라 마음은 더 착잡했다. 그 마음처럼 영상은 거칠고 비장하기까지 했다.

수의사가 오고 얼마 후 소는 고개를 떨어뜨렸다. 3년 동안 매달렸던 그 관계가 끝나는 순간이었다. 나는 카메라를 내려놓고 조용히 술을 사왔다. 그리고 굴착기를 불렀다.

밭 너머에 소를 묻고 할아버지는 막걸리를 뿌려주셨다. 행여나 해로울까 싶어 마음껏 주지 못한 그 막걸리였다.

#18 남겨진 워낭

늙은 소는 뿔이 두 번이나 부러지고 다시 자랐다. 그만큼 오래 살았다. 워낭 역시 오래돼서 못 두 개를 박아놓았더랬다. 그래서 낭랑한 소리가 아니라 딱딱딱 하는 소리가 났다.

소가 죽고 난 뒤 워낭은 못이 빠진 채로 기념관에 보관되었다. 대신 근처 한 공방에서 쇠로 만든 워낭을 만들어다 할아버지께 드렸다. 할아버지는 예의 그 선한 웃음을 지으시더니 워낭을 흔들어 보이며 좋아하셨다.

할아버지는 귀가 어두운데도 언제나 워낭소리가 들릴 때면 고개를 돌리셨다. 그건 차라리 본능 같았다. 촬영 초반에는 몰랐는데 시간이 가면서 반복되는 일상을 통해 감지할 수 있었다. 워낭소리는 그렇게 귀가 잘 들리지 않는 할아버지와 소를 소통하고 교감하게 해주는 매개음이었다. 아울러 그들이 살아 있음을 알려주는 상징이었다. 이제 워낭이 멈췄으니 그들의 관계 또한 수명을 다한 것이다.

할아버지는 새로운 워낭을 젊은 소에게 달아주셨다.

#19 좋은 데 가그래이

할머니는 불자셨다. 평소에도 종종 근처 절에 가시거나, 스님 댁에서 일을 해주고 사과를 얻어오곤 하셨다. 늙은 소는 스님이 키운 사과를 제일 좋아했으니 그도 인연이라면 인연이었다.

봉화 청량사(淸凉寺)에 천도기도를 올리러 가자고 제안한 것은 나였다. 물론 처음에는 방송용이었으니 그 지역을 홍보해준다는 의미도 얼마간은 있었다.

"할머니, 소도 죽은 지 좀 됐으니 절에 가시는 건 어때요?"

할머니 역시 생각하고 있으셨다 했다.

할머니는 소를 미워하지 않았다. 하필 할아버지를 만나 고생을 한 것에 대한 안쓰러움도 가지고 있었다. 그렇게 팔자고 성화였던 것은 할아버지를 걱정하는 마음 때문이었다.

그런데 기다렸다는 듯 할아버지도 따라나섰다. 평소 같았으면 귀찮아하셨을 텐데 그 마음을 짐작할 만했다.

청량사 긴 계단 밑에 차를 세웠다. 노부부는 힘든

걸음으로 절에 올랐다. 가파른 길이었다. 걸음을 뗄 때마다 할아버지 손에 들린 워낭이 딱딱 흔들렸다. 할아버지는 말이 없으셨다. 평생 일만 시킨 것을 늘 미안해하던 그 마음.

"마음이 안됐어."

나는 이 장면을 영화의 맨 처음으로 옮겨 넣었다. 소가 죽었다는 것을 미리 알려주고 시작한 셈이다. 중요한 것은 소의 죽음 자체가 아니었다.

할아버지와 소의 관계가 끊어지며 파생되는 울림에 사람들의 마음이 움직였으면 했기에…….

#20 소 무덤의 소문 그리고

누군가 소를 꺼내 갔다는 소문이 들려왔다. 무덤에 뚫린 구멍 때문이었다.

아주 옛날 어렵던 시절에는 소 무덤을 헤집고 소를 꺼내 가는 일이 더러 있기는 했다. 최근에는 죽은 일소의 다리 근육이 비싸게 거래된다는 이야기도 들었다. 평생 일을 했으니 근육이 발달해서란다. 어쨌든 해괴한 소문이었다.

근처에 계곡이 있다 보니 토사가 휩쓸려 구멍이 생긴 모양인데 할머니가 무덤의 구멍을 보고 누군가에게 건넨 얘기가 와전되었나 보다. 이 일로 할아버지의 아들이 기자를 불러 진실을 밝히는 일이 있었고, 무덤을 파헤쳐 확인을 하느냐 마느냐 하는 말까지 나왔다. 뜻밖의 성공이 낳은 웃지 못할 해프닝이었다.

그러나 할아버지와 할머니가 겪어야 했던 진통은 생각보다 컸다. 애초에 두 분을 외부에 공개하지 않겠다는 원칙을 세웠다. '산골 소녀 영자'나 '맨발의 기봉이'의 선례 때문이기도 했다.

그런데 세상은 노부부를 내버려두지 않았다. 시도

때도 없이 사람들이 찾아와 인터뷰를 요청하고 사진을 찍는 바람에 할아버지 할머니는 일상적인 생활마저 못할 지경이 되었다. 제발 그분들의 사생활을 보호해달라는 호소문까지 발표해야 했고 두 분께는 호된 꾸지람을 들었다. 영화가 끝난 후 두 차례 찾아가 뵈었는데 아마도 내가 보낸 사람들이라고 오해를 했던 모양이다.

유홍준 씨는 『나의 문화유산 답사기』에서 '나는 지금 봉화를 쓸 수 없다. 그것은 시간이 없어서도 아니고 지면이 모자라서도 아니다.'라고 했다. '봉화를 진짜 사랑하는 사람은 봉화의 전통 마을이 세상에 알려지지 않기를 바란다.'며 봉화 답사를 포기했다.

어쩐지 지금 이 순간 그 이야기가 생각난다.

그리고 남은 이야기

소통과 비움의 시간
감독 이충렬

영화가 상영되고 난 뒤 어느 날인가 고향집을 찾았다. 그날 아버지는 심한 악몽을 꾼 뒤였다. 아들의 성공 앞에 걱정스럽다고 했다. 전쟁이 나서 아들이 어렵게 벌어놓은 돈을 모두 잃을까, 아들이 길을 가다 납치라도 당할까 모든 것이 걱정스럽다 했다.

여전히 답답한 양반이었다. 아버지는 그렇게 또 나를 먹먹하게 했다. 생각해보면 아무런 낙이 없는 분들이었다. 장성한 자식들은 모두 결혼할 나이를 훌쩍 지나서까지 가정을 꾸리지 않은 상태였고 '우리 자식이 누구다'라고 마을 사람들에게 자랑할 만큼 큰 성공을 거둔 것도 아니었다.

그중에서도 나는 이미 오래전에 내놓은 자식이었다. 자라는 동안 공부를 잘했던 형과 늘 비교를 당한데다 그림을 그리겠다고 나댔으니 시골 양반들 눈에는 영 마뜩지 않았을 것이다. 어머니는 지금도 나를 머리 나쁜 아들로 알고 계신다. 그런데 덜컥 그런 아들의 이름이 세상에 알려진 것이다. 현실로 받아들여

지지 않는 듯 아버지는 반신반의하며 걱정스러워하셨다.

어머니는 그래도 '아이고, 내 아들!' 하며 인정해주셨는데 역시나 아버지는 별 반응이 없으셨다. 부산국제영화제에서 처음으로 《워낭소리》를 상영했을 때도 영화가 끝난 뒤 조용히 30만 원을 건네셨다. 같이 일한 스태프들과 밥이라도 먹으라는 것이었다. 아버지와 아들은 여전히 표현하는 데 서툴고 인색하다.

참으로 오랫동안 아버지의 그 침묵이 견디기 힘들었다. 그러나 이제는 전화통화를 할 때면 좀 더 밝아진 아버지의 목소리에서, 친구 분들과 함께 영화를 보러 갈 때 설레어 하시는 모습을 보면서, 그런 앙금들이 조금씩 녹아내리는 것을 느낀다. 아버지는 평소 외출을 잘 안 하시는데, 밤이면 고향 마을에 걸린 플래카드 앞을 왔다 갔다 하신다는 말도 들었다. 영화가 알려진 후 생긴 작지만 큰 변화였다.

참으로 어렵게 만들었다. 아니, 절박했다고 표현해야 맞을 것이다. 할아버지 할머니를 만나 반신반의하면서 무척이나 '짠' 제작자를 만나 눈물 섞어가며 촬영했다. 게다가 후반작업을 하면서는 제작비가 바닥나 고영재 프로듀서가 아니었다면 이 영화는 세상에 나오지도 못했을 것이다. 3년 동안 반복되는 일상 속에서 보이지 않는 것들을 끄집어낸다는 것 또한 힘들었다.

다행히 뜻밖에도 결과가 좋았다. 독립영화로서는 경이적으로 300만 관객들이 내 작품을 봐주었고, 선댄스 영화제의 '월드 다큐멘터리 경쟁(World Documentary Competition)' 부문에 한국영화 최초로 진출하기도 했다. 덕분에 할아버지 할머니를 비롯해 영화에 관련된 많은 사람들이 유명세를 톡톡히 치르고, 이제야 조금씩 일상을 되찾아가는 기분이다.

여전히 할아버지는 매일 소 무덤에 찾아가 벌초를 하고 막걸리를 부어주신다. 그 사이 젊은 소는 또 새끼를 낳았다. 젊은 소는 이젠 어느 정도 익숙해져서 할아버지를 태우고 달구지를 끌기는 하는데 밭일은 못한다고 한다. 아무래도 할아버지의 느릿한 걸음에 비해 젊은 소의 속도가 너무 빠른 모양이다.

이제 어쩌면 할아버지는 달구지 위에서 꾸벅꾸벅 졸지 못할지도 모른다. 봉화군의 산정마을을 전문적으로 가이드해주는 사람까지 생겨나고, 한 방송국에서 찾아가 집을 고쳐주었다는 소식도 들었다. 그저 그분들의 삶이 다치지 않기를 바랄 뿐이다.

그 밖에도 많은 논란이 있었다. 작품에 대한 논쟁에서부터 배급상의 문제에 불법복제까지, 하다못해 대통령 관람을 두고서도 말이 많았다. 제작자가 나서서 기자회견을 하는 상황까지 벌어졌다. 그 대부분은 《워낭소리》가 독립영화라는 데서 시작된 것이었다. 그러나 내가 찍은 것은 논픽션이었다. 돈이 없어 아등바등하며 찍고 보니 독립영화가 되었을 뿐이다.

세상에는 다양한 삶의 모습이 존재하는 것처럼 하고자 하는 이야기도 표현의 방식도 다양하다. 공황장애를 앓고 있는 나만 봐도 그렇다. 1년 반이 넘도록 편집을 하느라 꼼짝 않고 집에만 있었더니 영화를 찍으며 치유된 듯했던 공황장애와 답답증이 더욱 심해졌다. 여전히 밤만 되면 살기 위해 밖으로 뛰쳐나간다. 세상에는 이런 사람도 있는 것이다.

그러니 주변을 돌아보면 나보다 더한 마음의 병을 안고 살아가는 사람들이 또 얼마나 많겠는가. 독립영화의 핵심은 다양성과 꿈이다. 그런데 그 다양성을 인정하는 것, 그리하여 소통한다는 것이 참으로 어려운 시대가 되어버린 듯하다.

아버지와 관객들과 소통할 수 있다는 것, 나아가 그

모든 관계 사이에서 소통할 수 있다는 것이 참으로 기쁜 일임을 나는 이 작품을 통해 알게 되었다. 그리고 그곳에서 희망을 본다. 누군가는 다큐를 혁명하듯 한다고 하지만 나는 시의 정신으로 만들고 싶다. 머리나 눈으로 보는 것보다는 가슴으로 느끼는 것들, 우리가 놓치고 살았던 소소한 일상과 내면을 다루고 싶다. 시를 쓰는 시인처럼 느끼는 논픽션이라고 하면 될까. 관객과 소통할 수 있다면 소재나 장르는 아무래도 좋다. 극영화여도 상관없을 것이다. 사실 이렇다 할 계획이 있는 것도 아니다.

앞으로 《워낭소리》보다 더 좋은 작품을 만들어야 한다는 부담이 큰 게 사실이지만 억지로 무언가를 채우려고 욕심내지는 않을 것이다. 이제는 무엇을 비워내고 무엇을 채워야 하는지 알게 되었다.

기획부터 꼬박 10년이 걸렸다. 아마도 숱한 실패가 거름이 되어 보다 자유로워진 듯도 하다. 그 기다림의 시간은 나의 한계와 콤플렉스 그리고 슬픔이 해소되어가는 과정이었다. 무엇보다 영화를 본 사람들 대부분이 부모님께 전화를 드리지 않으면 안 될 것 같은 '찝찝한' 기분을 느꼈다니, 그것으로 충분하다.

느림보가 되기 힘든 세상

프로듀서 고영재

반년이 조금 넘는 시간이 지났을 뿐인데 나에게는 거의 10년의 세월이 흐른 느낌이다. 1월 15일 《워낭소리》가 개봉한 뒤 '살아가고 있음'이라고밖에 표현할 방법이 없는 이런 상태는 어디서 어떻게 시작된 것일까?

사실 처음으로 제작했던 《우리학교》를 개봉할 때가 제작자로서는 가장 행복했던 시기였다. 4만 5천 명의 극장 관객과 6만 5천 명의 공동체 상영 관객을 만났고, 누구도 관심 갖지 않았던 사랑스런 조선학교 아이들을 이 땅에 소개해준 데 대해 많은 감사의 인사를 받았다.

지금도 의욕적으로 활동하고 있는 팬 카페 사람들을 만났고, 여전히 따뜻하게 나의 안부를 묻는 홋카이도의 학생들과 선생님들과 동포들을 만났다. 더불어 우리 네 식구가 1, 2년은 버틸 수 있는 수입이 생겼다. 세상 사람 어느 누구에게도 영화와 관련해 불편한 이야기를 들어본 적이 없었다. 참 '행복'했더랬다.

그러나 《워낭소리》를 개봉하고부터 지금까지, 40년 넘게 살아오면서 미처 내가 알지 못했던 사회의 이면과 나 자신의 정체성에 대해 많은 고민을 할 수밖에 없었다.

먼저 다큐멘터리의 대상이 어떻게 관객들에게 대상화될 수 있는지에 대한 극단을 보았다. 대책 없이 관광 상품화에만 목숨을 거는 지방자치단체의 비인권적인 시각을 보았고, '용돈을 주었더니 사진 촬영을 해주더라'고 천연덕스럽게 글과 사진을 올리는 '폭주족'을 보았다. 그리고 무엇보다 그 일상을 고통스레 감내하는 두 주인공을 보았다. 앞으로는 다큐멘터리의 인물들이 다큐멘터리를 통해 일상을 지켜낼 수 없는 작품을 제작할 자신이 없다.

또 하나, 이른바 사회적 성공에 대한 사람들의 편견을 보았다. 내가 성공한 제작자가 되었다는 것은 인정한다. 그러나 이것이 결단코 소 뒷걸음질치다가 금을 발견한, 혹은 길거리에서 주운 로또가 당첨된 행운이라고는 생각하지 않는다. 물론 나 역시 한 달에 한 번꼴로 로또를 사던 소시민이었다. 당첨된다면 그 돈으로 뭐하고 살까 하는 상상도 많이 했던 사람이다. 하지만 설혹 로또에 당첨되었다 하더라도 생전 보지도 못했던 사람들에게 빛 독촉과도 같은 전화를 받을 이유는 없다.

'워낭소리 제작자, 불법 다운로드는 디지털 악마!'라는 모 신문의 헤드카피는 언론에 대한 내 시각을 바꾸어놓았다. 10여 년 동안 같은 길을 걸어왔다고 믿었던 동료들에게 비난의 화살이 날아왔을 때 태어나서 처음으로 '자살'이라는 단어를 떠올렸다. 없는 사실을 진짜처럼 만들어서 사람 하나 바보 만드는 것쯤은 정말 쉬운 일이라는 생각을 처음 하게 되었다. 지금도 언론사의 인터뷰 요청을 받으면 경계심이 먼저 생기는 것이 사실이다. 그리고 이어지는 자기 검열, 어쩔 수 없는 뻔한 답변들만 늘어놓는 나의 모습…….

그렇다. 《워낭소리》를 개봉하고 한두 달은 거의 패닉 상태였다. 행복하기만 한 시간들은 아니었다는 것이 솔직한 심정이다. 그러나 관객들에게 한없이 고마운 마음은 여전하다. 관객들이 준 이 선물을 다시 돌려주는 길은 '똑바로, 열심히 영화를 만드는 것'밖에 없다는 것 또한 알고 있다.

그리고 지금 이 시간, 나는 다시 영화를 제작하고 배급하고 있다. 영화를 시작했던 그때 그 마음을 되찾으려 노력하고 있다. '좋아하는 일을 하면서 행복해지고 싶다.' 이것이 내 삶의 목표이자 유일한 가치다. 그리고 나는 여전히 '느림보'를 꿈꾼다.

밑도 끝도 없이 소라니

음악감독 허 훈

“이거 언제 끝나지?”

“과연 작업비는 받을 수 있을까?”

나에게 《워낭소리》는 이런 말로 정리할 수 있는 작품이다. 3, 4년 전쯤인 것으로 기억한다. 충렬 형이 대뜸 음악작업을 해줄 수 있느냐고 했다. 전에도 여러 번 이 작품 저 작품 기획하고 의논도 해놓고는 결과물이 없었기에 이번에도 그러려니 했다. 그야말로 작전만 무지하게 짜던 사람이었다.

그런데 소를 찍는단다. 웬 소냐고 했더니 밑도 끝도 없이 그냥 소란다. 그러마고 심상하게 좋다고 했더랬다. 그러고는 한참을 연락도 없고 뭘 하는지 소문도 없었다. 그렇게 기억 속에서 그 소를 지워갈 때쯤 연락이 왔다. 그림이 나왔다고 작업실로 오란다. 이 양반이 원래 좀 뜬금없긴 하다.

작업실이라 하면 뭔가 작업을 할 만한 환경을 기대할 테지만 이 작업실이란 게 아주 심란하다. 스물네 평쯤 되는 공간에 책상 하나, 의자 하나, 침대 하나,

거창한 컴퓨터 한 대 그리고 한쪽만 나오는 고장 난 스피커가 전부다(그래서 영화의 초창기 버전에는 소리가 왼쪽에서만 나왔다). 의자도 없다며 바닥에 앉으란다. 이건 뭐 고시원도 아니고 황량한 오피스텔 구석에서 작업하고 있는 모습이란. 충렬 형 왈, 영혼이 맑아서 그렇게 산단다.

커피도 없어서 물을 홀짝이며 어정쩡하게 서서 촬영된 화면을 조금 봤다. 그런데 아직 못 끝냈단다. 소가 아직 살아 있다나? 뭘 어쩌라는 건지 싶었는데 처음 마주하는 소와 할배의 느낌이 선명했다. 그 느릿함과 처연한 아름다움. 살짝 엿봤을 뿐인데도 되겠구나 하는 느낌이 왔다.

그다음부터는 고난의 연속이었다. 수많은 수정과 재편집의 반복이었다. 영상 음악작업은 시간과 타이밍 싸움이다. 단순히 영상이 한 프레임 밀리면 음악도 한 프레임 밀리는 것이 아니다. 거창하게 말하자면 영상과 호흡하는 작업이다.

헌데 이놈의 《워낭소리》는 완성본이라고 받은 DVD가 대여섯 장쯤 되는 초대형 블록버스터였다. 그렇게 머리를 싸매고 작업을 한창 하고 있는데 방송용이 아니라 영화로 만들 거란다.

결국 처음에 잡았던 음악 콘셉트가 다 무너지고 다시 창작하고 붙여보고, 영화는 여백이 있어야 한다며 음악을 다 걷어내는 작업까지……. 같이 작업하던 소윤이의 도움이 없었다면 해내지 못했을지도 모르겠다. 가장 긴 시간 작업하고 가장 많은 버전의 영상을 봤던 것 같다.

우여곡절 끝에 작업을 마무리하고, 부산국제영화제에서 영화를 보는데 작은 화면에서는 볼 수 없었던 디테일이 눈에 들어왔다. 감독만이 볼 수 있었던, 스태프의 영역이 아닌 부분들, 그게 보이는 거다. 그리고 마지막 장면에서의 눈물과 감동, 그렇게 수없이 봤던 작품에 또 감동을 하다니…….

중간에 제작사도 바뀌고 참 많은 일이 있었던 영화, 방송에 부적절하다는 말을 들었던 작품이 이렇게 되리라곤 정말 상상도 못했다. 충렬 형도 그랬겠지만 그 누구도 예상하지 못한 일이었다. 관객이 5만 명 든 것을 축하하는 자리에서 누군가 10만까지 들까 했는데 다들 말도 안 된다고 했으니 말이다.

우여곡절도 많고 말도 많은 영화였지만, 개인적으로는 훌륭한 작품에 묻어가는(?) 게 아닐까 하는 생각이 들 정도로 음악에 대한 반응이 좋았다. 모든 작품이 그렇듯 아쉬움이 많이 남긴 하지만 말이다.

충렬 형은 물론, 함께 작업했던 민소윤과 고영재 프로듀서 그리고 수없이 많은 스태프들에게 고마움을 전하고 싶다.

선댄스의 관객들은 왜 그랬을까

관객 리뷰 한지수

*《워낭소리》 리뷰 중 네티즌들에게 가장 많은 공감을 불러 일으킨 이 글은 한지수 피디가 선댄스영화제에서 《워낭소리》를 본 후 느낀 점을 진솔하게 담고 있다.

선댄스로 가는 길은 멀었다. 같은 미국 땅이지만 마운틴 타임이라는 시차가 있을 정도로 내가 살고 있는 곳에서 한참 떨어져 있었다. 공항에서부터 파크시티까지 영화제 곳곳을 장식한 2009년 공식 포스터와 캐치프레이즈 'story time 8509'가 1985년에 시작된 선댄스영화제의 25년 역사를 말해주고 있었다.

극장에는 매우 다양한 관객들이 《워낭소리》를 보기 위해 객석을 가득 메우고 있었다. 나도 기대와 흥분, 설렘으로 한 장면이라도 놓칠세라 숨죽여 지켜봤다.

소의 죽음을 미리 알리고 시작하는 영화. 75분이라는 긴 시간을 어떻게 끌어갈지 자못 궁금했다. 영화에 등장하는 것은 할아버지와 할머니 소, 그게 전부다. 놀랍게도 지극히 단조롭고 반복적인 일상이 잔잔한 감동을 만들어내고 있었다. 분명 가슴 뭉클한 대목이 있었는데 내 눈에서는 눈물이 전혀 흐르지 않았다. 내 가슴은 황폐하게 메말랐단 말인가. 그런데 이건 무슨 소리지? 극장 여기저기서 낮게 훌쩍이는 소리가 들렸다. 고개를 돌려보니 제법 많은 관객들이 연신 눈물을 훔치고 있는 게 아닌가. 영화를 보는 내내 관객들은 안타까워하고 웃고 울고 있었다.

'영감 잘못 만나서…… 아이고 내 팔자야…….' 하는 식의 할머니 넋두리는 사실 지칠 만큼 반복되는데 할머니가 말을 할 때마다 관객들은 웃었다. 사진관에서 끝내 웃지 않는 할아버지를 향해 급기야 할머니가 '웃어!'라고 버럭(!) 소리치는 대목에서는 모두들 박장대소했다. 병원에 간 할아버지가 진찰받는 동안 다른 차들과 나란히 주차(?)돼 있는 소달구지의 풍경도 웃음을 자아냈다. 주차장이 생활공간의 일부인 미국인들에게는 더욱 재미있었을 것이다. 마침내 소의 코뚜레와 워낭을 풀어줄 때, 소의 주검에 한 삽 한 삽 흙이 덮일 때 그리고 소가 남긴 마지막 선물을 바라볼 때 'No, no….' 하는 소리와 함께 훌쩍이는 소리도 좀 더 커졌다.

이후 이어진 감독과의 대화 시간에 관객들의 열띤

질문들을 듣다 보니 확실히 이 영화가 많은 사람들에게서 충분한 공감을 불러일으켰음을 알 수 있었다. 어떻게 이런 영화를 만들 생각을 했는지, 왜 그렇게 오래 기획을 했는지, 한국에서는 개봉을 했는지, 한국 관객들의 반응은 어떤지 등 질문이 계속 이어졌다(개봉관이 점점 늘고 있다는 대답에 일제히 박수를 쳤다). 그리고 'Thank you.' 'Beautiful movie!' 라는 감탄사가 이어졌다.

대체 이 외국인들은 어떤 부분에 그렇게 공감했을까? 궁금함을 참지 못하고 몇 명에게 물어보았다. 한 미국인은 미국 남부에는 농장 지역이 많기 때문에 그런 'rural life(시골생활)'에 대한 추억과 향수를 간직한 사람들이 많다고 했다. 또 다른 사람들은 자신들도 개나 고양이를 자식처럼 사랑하기 때문에 소와 할아버지의 연대감을 충분히 공감할 수 있었다고 했다. 뜻밖에 할머니의 잔소리와 신세 한탄이 어린 시절 자신들의 어머니가 아버지에게 하던 잔소리와 똑같아서 한참 웃었다는 사람도 있었다. 그리고 부모의 헌신에 대한 기억으로 가슴이 뭉클했다고 했다.

한국어의 맛깔스러움이나 뉘앙스가 살지 않는 영어 자막을 통해서도 할아버지와 소가 빚어낸 일상,

그 삶의 면면이 그대로 다가간 것이다. 감독이 영화를 통해 보여주고 싶었다던 그 '관계' 속에 녹아 있는 정서와 감정이 그들 가슴속에도 차곡차곡 쌓였나 보다.

글을 마치기 전에 고백할 게 있다. 그래서 나는 끝까지 눈물을 흘리지 않았냐 하면? 솔직히 한 대목에서 나도 모르게 울었다. 늙은 소와 할아버지가 나뭇짐을 나눠 지고 함께 걷는 장면에서. 둘은 똑같이 불편한 다리를 끌며 한발 한발 어렵게 걸음을 떼고 있었지만, 그렇다고 고통스럽다거나 불행해 보이지 않는다. 앞서거니 뒤서거니 하는 것도 아니고 굳이 끌어주고 밀어주는 것도 아니다. 그저 한 방향으로 나란히 함께 걷고 무거운 짐을 나누어 진다. 살면서 우리가 목마르게 그리워하는 우정과 배려, 말 없는 사랑이 바로 거기 있었다.

언젠가 읽은 글이 생각난다. 1960년 한국을 찾은 노벨 문학상 수상자, 펄 벅은 농부가 볏단을 실은 소달구지를 끌면서 자기도 지게에 볏단을 지고 가는 모습을 보고 감탄했다고 한다. '농부도 지게도 다 달구지에 오르면 될 텐데 소의 짐을 덜어주려는 저 마음이 내가 한국에서 보고 싶었던 것이다.'라고.

이 글을 읽을 때 내가 우리 세대에서는 절대 볼 수 없을 거라 생각했던 한국인의 심성이 《워낭소리》에 그대로 살아 있었다. 다 사라졌을 거라 생각했는데 사라진 것이 아니라 묻히고 잊혔던 것이었나 보다. 오랜 세월 작업한 것이라 하니 그 수고가 보람 있다.

살아가는 일, 힘들다. 세상은 항상 남보다 한발 앞서가라 하고, 무조건 다른 사람을 이길 수 있는 경쟁력을 갖추라 하고, 그렇게 어떻게든 살아남으라 한다. '착하게, 아름답게, 사이좋게' 어린 시절 일기장에 또박또박 눌러쓰던 결심에는 점점 먼지가 쌓여가고 결국 기억창고 어디쯤에 있기나 한 건지 잊어버린 채 정신없이 살아간다.

그런데 할아버지와 나란히 걸어가는 소의 목에서 울리는 워낭소리, 그 맑은 소리가 나의 마음을 흔들었다. 영화를 보는 내내 울리던 그 소리는 내 마음을 점점 세차게 흔들더니 한구석의 두터운 먼지를 털어내고 저 깊은 곳에 처박혀 있던 착한 심성의 한 조각을 만나게 해준다.

나도 모르게 눈물이 흘렀다. 내 안에 여전히, 어쩌면 억눌려 살고 있던 순수함과 다시 상봉한 기쁨의 눈물이고, 오래 잊고 있었던 것에 대한 미안함의 눈물이고, 이제 다시금 빛나게 가꾸어가겠다는 다짐의 눈물이기도 했다.

광속의 시대에 속도전의 최전선에 내몰리는 일상이지만, 크고 작은 폭력 앞에 너무도 무기력한 인간이지만, 우리에게는 끝내 지켜내고 싶은 삶의 원형이라는 게 있다. 살아가고 일하고 늙어가고 결국 죽을 수밖에 없는 세상 모든 존재가 서로에게 격려와 위로가 되는 관계 맺음.

혹시라도 소가 먹을까 독한 제초제를 뿌리지 않는 할아버지의 마음, 한평생 신세 한탄을 하면서도 아픈 할아버지의 이마에 손을 얹어보는 할머니의 마음, 제대로 일어서지도 못하는 다리를 끌며 땔감을 옮기는 소의 마음, 이 모든 것이 잠자리 날고 개구리 우는 그곳에서만 가능한 것이 아니라는 것을. 이 사실을 우리는 너무 잘 알기에 잠시 숙연해지고 자신을 돌아보게 되는 건지도 모른다.

자주 잊고 살아가는 이 사소한 것의 위대함을 지켜내고 싶은 소망, 그것은 우리뿐 아니라 세계인의 마음에 소통되는 공통의 소망이기도 하다. 이것이 《워낭소리》가 선댄스에 모인 사람들의 마음을 흔들고 눈물짓게 한 이유다.

고운 풍경에 맑게 울리던 워낭소리가 지금도 귓가에 쟁쟁하다. 그 소리가 계속 나를 흔들어 깨운다. 겨우내 때고도 남을 땔감이 할아버지를 위해 남긴 선물이라면 《워낭소리》는 이름 없는 소가 흙으로 돌아가며 우리에게 남긴 선물이다.

마음속 깊은 곳에서 잠자고 있는 여리고 착한 자신을 만나고 싶은 사람들에게 이 영화를 추천한다.

워낭소리, 그 10년간의 기록

1997 이충렬 감독, 소에 관한 이야기를 만들기로 결심

2000 이충렬 감독, 본격적으로 소와 아버지 모델 전국에 수소문

2004 **겨울** 경북 봉화에서 최원균 할아버지, 늙은 소와 조우

2004 **겨울** 방송 다큐멘터리를 염두에 두고 촬영 시작

2007. 4 촬영 종료 및 후반작업, 지인들의 조언으로 극장용 장편으로 방향 선회

2007 **겨울** 《우리학교》 제작자 고영재 프로듀서를 소개받고 의기투합

2008 **봄** 보충 촬영 및 편집

2008. 9 영화진흥위원회 2008년 하반기 아트플러스 시네마네트워크 개봉지원작 선정
소의 해 2009년 1월 개봉 내부 확정

2008. 9 제13회 부산국제영화제 다큐멘터리 경쟁부문 진출 확정

2008. 10 제13회 부산국제영화제 다큐멘터리 경쟁부문 PIFF 메세나상(다큐멘터리 부문 최우수상) 수상

2008. 12 선댄스영화제 다큐멘터리 경쟁부문 진출 확정
1월 15일 개봉일 확정 발표
2008 서울독립영화제 초청, 매진과 더불어 관객상 수상
선댄스영화제와 서울독립영화제 진출 기념 '제작진과 관객들이 함께하는 번개모임' 개최

2008. 12. 13 티저 포스터 공개

2008. 12. 24 예고편 공개

2008. 12. 29 언론시사 및 기자간담회

2009. 1. 3 'KBS 영화가 좋다' 《워낭소리》 소개 동영상 네티즌 사이에서 인기 폭발

2009. 1. 6 VIP시사회 개최(임순례, 정윤철, 권칠인, 김경형, 양익준 감독 등 참석)

2009. 1. 13 '서울 메트로'와 함께하는 시사회 개최
맥스무비 예매율 8위(전국 개봉관 7개)

2009. 1. 15 《워낭소리》 개봉

2009. 1. 16 선댄스영화제 《워낭소리》 첫 상영

2009. 1. 19 7개관의 기적, 좌석 점유율(37.28%) 1위 등극
입소문 타고 전국 확대 개봉(한국영화 박스오피스 3위)

2009. 1. 28 개봉 2주차 4만 돌파(21개관), 관객 평점 1위 싹쓸이
CGV 무비꼴라쥬 라인 상영관 가세(부산, 서면 CGV 등 평일 매진 사례)
맞춤 GV(신경숙, 권해효, 카피라이터 윤수정, 정윤철 감독) 등 다양한 특별상영회 시작
개봉 3주차 전국 34개관 확대

2009. 1. 30 개봉 15일 만에 5만 4천 돌파

2009. 2. 3 개봉 20일 만에 10만 돌파, 영화 OST 공식 발매
고영재 프로듀서 공식 블로그에 취재 자제 호소

2009. 2. 4 출연진 취재 요청에 대한 배급사 입장 공식 발표
10만 관객, 네티즌 《워낭소리》 지킴이 선언, 아고라 청원 발의

2009. 2. 5 씨네큐브 광화문 개관 이래 최단기간 1만 관객 돌파

2009. 2. 6 개봉 4주차 주말 전국 개봉관 50여 개 확대
영진위 통합전산망 예매율 1위, CGV, 인터파크 예매율 1위, 예스24 2위, 티켓링크 3위
인디스페이스 영문자막본 단독 상영

2009. 2. 10 개봉 5주차 30만 돌파

2009. 2. 11 독립영화 감독 6인과 함께하는 긴급 기자간담회 개최
네티즌 1만여 명, 주인공 소 이름 작명 '워낭이'

2009. 2. 15 이명박 대통령 《워낭소리》 관람 구설수

2009. 2. 20 수익금에 관한 긴급 기자회견
개봉 6주차 맥스무비 사상최초 독립영화 예매 순위 1위
서울경기 지역 5개관 영문 자막본 상영 개시

2009. 3. 1 개봉 7주차 200만 돌파, 전국 140여 개 극장
불법 동영상(초창기 편집버전) 유포 확인

2009. 3. 2 불법 동영상 제작 유포에 대한 제작배급사 공식 입장 발표

2009. 3. 6 200만 돌파 기념 아나야밴드 시네마 콘서트 개최

2009. 3. 11 개봉 55일 만에 250만 돌파

2009. 4. 20 개봉 16주차 290만 돌파

2009. 5. 10 북미 최대 다큐멘터리 영화제 '제16회 핫독-캐나다 국제다큐멘터리 영화제' HBO 신인예술가상(HBO Documentary Films Emerging Artist Award) 수상

2009. 5. 14 DVD 초저가판(7,700원) 발매

2009. 6. 3 극장 상영 종영(마지막 극장은 씨네큐브)

2009. 6 '제7회 실버독스 다큐멘터리 영화제' 시네마틱 비전상(Cinematic Vision Award) 수상
DVD, 예스24에서 5, 6월 판매량 1위

인디스토리

㈜인디스토리는 한국영화계 변방의 작은 영토에서 묵묵히 땅을 고르고, 독립영화의 씨앗을 뿌려온 국내 최대 독립영화 제작배급사이다. 1998년 창립한 이래 11년 동안 단편영화 및 독립 장편영화의 국내외 배급은 물론 기획제작 분야에서도 괄목할 만한 성장을 이루었다. 인디스토리는 이제 나무가 아닌 숲을 꿈꾼다. 독립영화의 제작과 배급에 뜻을 함께 하는 동지들과 연대하여 그 중심에서 아름드리나무가 되고, 나아가 커다란 숲이 되어 더 많은 관객들과의 소통을 꿈꾼다.

이충렬 감독

어릴 적 그림을 그리고 싶었던 감독은 대학 졸업 후 애니메이션 작업을 시작했다. 1993년부터 영상작업에 대한 관심을 갖고 수백 편의 방송 다큐멘터리를 만들어왔다. 《워낭소리》는 첫 극장용 장편 다큐멘터리로, 앞으로도 소소한 일상과 내면의 아름다움을 소재로 대중과 소통할 수 있는 작품을 만들고자 한다.

고영재 프로듀서

독립영화 제작사 '스튜디오 느림보'를 운영하고 있으며, 《우리학교》 《궤도》 《워낭소리》 《농민가》 등의 영화를 제작했다. 또한 영화 《똥파리》 《날아라 펭귄》 등의 배급투자자이자, 독립영화 디지털 배급 신디케이터 (주)인디플러그의 대표이며 사단법인 한국독립영화협회의 사무총장을 맡고 있다. 좋아하는 일을 하며 행복하게 사는 것이 삶의 목표인 그는 오늘도 여전히 느림보를 꿈꾸며 영화를 제작배급하고 있다.

워낭소리 [큰글자도서]

발 행 일 : 2010년 6월 7일
엮 은 이 : 인디스토리 엮음
발 행 처 : (주)도서출판점자
발 행 인 : 김동복
출판등록 : 2009년 2월 17일 제 25100-2009-5호
주　　소 : 서울시 성동구 아차산로 17길 57 일신건영휴먼테코 405호
전　　화 : 02)3426-7511
팩　　스 : 02)3426-7502
전자우편 : book7500@naver.com
홈페이지 : www.kbraille.net

ISBN 978-89-93793-92-5

잘못된 책은 바꾸어 드립니다. 값은 뒤표지에 있습니다.